동양사상에게
인공지능 시대의
가족을 묻다

**동양사상**에게
**인공지능 시대의 가족을 묻다**

**초판 1쇄 인쇄** 2019년 6월 15일
**초판 1쇄 발행** 2019년 6월 20일

**지은이** 이현지 · 홍승표 · 정재걸 · 이승연 · 백진호
**펴낸이** 김승희
**펴낸곳** 도서출판 살림터

**기획** 정광일
**편집** 조현주
**디자인** 김경수

**인쇄 · 제본** (주)현문
**종이** 월드페이퍼(주)

**주소** 서울 양천구 목동동로 293, 22층 2215-1호
**전화** 02-3141-6553
**팩스** 02-3141-6555

**출판등록** 2008년 3월 18일 제313-1990-12호
**이메일** gwang80@hanmail.net
**블로그** http://blog.naver.com/dkffk1020

ISBN 979-11-5930-118-6 (93190)

# 동양사상에게 인공지능 시대의 가족을 묻다

이현지·홍승표·정재걸·이승연·백진호 지음

살림터

# 들어가는 글

2018년 8월 19일 남북이산가족 상봉을 앞두고 101세 백성규 할아버지는 며느리와 손녀와 만남을 기다리고 있다. 소감을 묻는 기자의 말에 할아버지는 "처음에 몇 번 신청했는데 다 안 됐다. 그런데 이번에 소식이 왔다. 다 죽게 됐으니까(웃음) … 나는 울 줄도 모른다"고 담담한 표정을 지었다.

할아버지는 이번 상봉을 위해 여름·겨울옷과 내의, 신발 30켤레, 치약, 칫솔 등을 선물로 준비했다. 그는 스테인리스 수저도 20벌 샀다면서 "마지막이니까 좀 많이 샀다. 없는 것 없이 다 샀다"며 웃었다. 그는 기억에 남아 있는 고향과 가족의 모습을 묻자 "없다. 다 돌아가셨는데"라며 고개를 저었다. 그러면서 가족을 기다린 오랜 세월에 대해서도 "무슨 말을 하겠나"라며 착잡한 표정을 지었다.

그는 며느리와 손녀를 만나서 하고 싶은 말을 묻자 "뭐를 좀 많이 사 오려고 했는데 돈이 없어서 많이 못 샀다. 말하면 되지 뭘"이라며 오랜 세월 마음에 담아 둔 애정을 에둘러 표현하기도 했다.

―『연합뉴스』 2018년 8월 19일 자

한 번도 얼굴을 본 적이 없는 가족을 생각하며 그립지만 울지도 못하고 먹먹한 마음을 달래야 했을 역사의 피해자가 된 할아버지의 인생을 상상만 해도 마음 아프다. 가족이란 무엇이기에 이렇게 맹목적인 사랑의 대상이 되는 것일까? 할아버지뿐만 아니라 우리는 누구나 가족 때문에 힘든 일이 있어도 삶을 포기하지 않고 버텨 내고, 가족 덕분에 삶의 의미를 발견한다.

반면 가족은 서로에게 가장 쉽게 상처를 주는 관계이기도 하다. 고령 사회가 되면서 다수의 노인은 사회적 약자가 되어 버렸다. 이런 노인을 학대하는 주범이 바로 가족이라고 한다. 2015년 5월 6일 자 『서울경제』의 보도에 따르면, 서울시 실태조사에서 노인학대의 주범은 1위 아들(40.9%), 2위 배우자(17%), 3위 딸(15.4%)로 조사되었다. 노인학대 경험자 가운데 대부분이 가족에 의한 신체적 학대, 정서적 학대, 경제적 학대 등을 경험했다고 답했다.

통계 결과에 놀라지 않을 수 없다. 가장 따뜻하고 위로받을 곳이라고 생각했던 가족의 현주소는 상상을 초월하고 있다. 노인학대라는 극단적인 상황을 생각하지 않더라도 우리는 가족이라는 울타리 안에서 서로 간에 수많은 상처를 주고받는다. 마치 가족이기 때문에 그렇게 해도 다 용서가 되는 것처럼 의식하지 못하고 감정의 밑바닥을 서로에게 쏟아 내곤 한다.

가족이란 세상에서 그 어떤 존재보다 소중하고 애틋한 존재임과 동시에 서로를 상처 내기 가장 쉬운 공동체이다. 가족은 서로 일상이 적나라하게 노출되어 있고 성숙하고 멋진 모습만을 공유하기 어렵다. 가족 안에서 우리는 누구나 처음 부모가 되며, 처음 딸로서 아들로서의 역할을 하게 된다. 자신의 자리에서 포장하지 않고 묵묵히 스스로의 역할답게 살기란 쉽지가 않다. 더구나 잘할 수 있을 때까지 가족들이 기다려 주는 법도 없다.

오늘날 가족은 빠르게 변화하고 있다. 가족의 기능, 가족의 목표, 가족의 형태 등 기존의 전형적인 가족이라는 잣대는 가족을 이해하는 데 오히려 방해가 되고 있다. 시대가 변화함에 따라서 가족은 달라지고 있다. 그러나 가족을 바라보는 관점과 접근하는 입장은 그러한 변화를 따라잡지 못하는 경향이 있다. 오히려 기존의 가족에 대한 기대와 눈높이를 기준으로 변화하는 가족을 색안경을 끼고 재단하려고 한다.

현대 사회에서 인공지능 시대를 언급한 지는 오래되었다. 우리의 삶은 인공지능 시대의 본격화로 인해 빠르게 변모하고 있다. 인공지능 시대의 가족도 이미 변신을 시작했다. 이 책은 인공지능 시대의 변화된 가족의 현주소를 살펴보고, 동양사상에서 인공지능 시대의 가족을 기획하기 위한 해답을 찾아보기 위한 것이다. 『동양사상에게 인공지능 시대를 묻다』를 탈고하면서, 동양사상과 탈현대 연구회에서는 『동양사상에게 인공지능 시대의 가족을 묻다』를 준비했다. 이 책은 동양사상과 탈현대 연구회가 야심차게 기획한 『동양사상에게 인공지능 시대를 묻다』의 '가족' 편이다. 앞으로 '휴머니즘', '교육', '마음공부' 등을 출판할 계획으로 꾸준히 그리고 즐겁게 공부모임을 하고 있다.

우리는 왜 인공지능 시대의 답을 동양사상에서 찾으려고 했을까? 물론 인공지능 시대의 답이 동양사상에만 있다고 주장하는 것은 아니다. 그러나 본 연구회가 인공지능 시대를 맞이해서 동양사상에 주목하는 분명한 이유가 있다. 인공지능을 비롯한 신기술이 탈현대 사회를 끌고 갈 하나의 바퀴라면, 탈현대 세계관은 다른 한 개의 바퀴이다. 그리고 동양사상에는 탈현대 세계관을 구축하는 데 필요한 자원이 풍부하게 내장되어 있다. 동양사상과 탈현대 연구회는 벌써 22년째, 동양사상의 경전에서 탈현대 사회를 설계할 수 있는 해답을 찾아오고 있다.

그동안 함께했었기 때문에 지치지 않고 묵묵히 경전을 윤독하고 현대를 넘어설 수 있는 탈현대의 지혜를 발굴하는 일에 매진할 수 있었다. 이 책도 인공지능 시대와 관련한 문헌 자료와 영화를 포함한 강연 자료 등을 함께 공유하고 토론하면서 세상의 빛을 보게 되었다. 각자가 가진 문제의식을 다듬고 대중적인 글로 만들어 가는 과정에서 몇 차례 발표 기회를 가졌다. 글의 흐름에서 시작하는 사소한 문제에서부터 문제의식까지 함께 토론하는 과정에서 변모를 거듭했다.

이 책의 시작은 '인공지능 시대의 가족이 어떠해야 할 것인가'에 대한 질문에서 출발했고, 그 질문에 충실하게 답하기 위해서 탈현대 가족을 설계하고 비전을 제시하려고 했다. 인류는 선택의 기로에 서 있다. 인공지능 시대의 사회구조 변화를 직시하고 기존의 가족(家族)에 대한 폐쇄적인 관점을 벗어야 한다. 인간과 인간, 그리고 인간과 인공지능이 공존할 수 있는 길을 선택해야 한다. 이 책이 그런 미래로 나아가는 하나의 작은 발걸음이 되길 기대한다.

2019년 3월
저자들의 마음을 모아서

들어가는 글  4

## 1장 왜 동양사상과 인공지능 시대의 가족인가? _홍승표

1. 새로운 가족에 대한 담론의 필요성·13
2. 왜 동양사상에게 인공지능 시대의 가족을 묻는가?·16
3. 인공지능의 발달은 가족을 어떻게 변화시킬 것인가?·24
4. 탈현대 가족의 특징·27
5. 탈현대 가족의 소임·30

## 2장 주자의 '가(家)', 인공지능 시대의 새로운 가족이 될 수 있을까? _이승연

1. 고립인가? 연대인가?·37
2. 가족(家族)을 넘어서 종족(宗族)으로·43
3. 조선의 이상과 현실·51
4. 새로운 시대의 '가'·61

## 3장 불교 수행공동체는 탈현대 가족의 모델이 될 수 있을까? _정재걸

1. 인공지능 시대의 가족·73
2. 수행공동체로서의 가족의 형성 과정·78
3. 오늘날의 수행공동체·84
4. 불교 승가공동체의 구성 원리·96
5. 수행공동체에서 살펴본 가족 수행공동체의 고려 사항·102

## 4장 인공지능 시대, 새로운 가족은 어떤 모습일까? _이현지

1. 인공지능 시대 가족에 대한 단상·111

2. 시대의 변화와 가족의 변화·116

3. 인공지능 시대와 가족의 업그레이드·126

4. 인공지능 시대 가족의 선택, 무엇을 목표로 할 것인가·133

5. 인공지능 시대 가족, 수행공동체로의 비약·137


## 5장 인공지능과 인간의 사랑은 가능할까? _이현지

1. 인공지능 시대의 사랑이란·149

2. 인간의 욕구 충족과 인공지능·154

3. 인공지능과 인간의 사랑·160

4. 인공지능과 인간의 진정한 사랑법·168


## 6장 인공지능, 새로운 가족 구성원이 될 수 있을까? _백진호

1. 인공지능은 가족의 구성원이 될 수 있을까?·185

2. 가족 구성원으로서의 인공지능의 역할·192

3. 본성 회복의 조력자로서의 인공지능 로봇·201

4. 천하일가(天下一家)로서의 가족·207


## 7장 인공지능 시대, 가족의 특징은 무엇인가? _홍승표

1. 세계관과 탈현대 가족의 의미·217

2. 탈현대 가족의 구상화·221

3. 탈현대 가족생활·225

4. 탈현대 가족관계·233


참고문헌 237

# 1

## 왜 동양사상과
## 인공지능 시대의 가족인가?

홍승표

# 1. 새로운 가족에 대한 담론의 필요성

'어느 집 부모님이 졸혼(卒婚)을 했다'는 말을 주위에서 종종 듣는다. '1인 가족이 증가하고 있다'는 보도도 자주 접한다. 아이를 낳지 않는 부부도 증가하고 있다. 과거에는 가족 중에 이혼한 사람이 있으면 이를 부끄러워했는데, 요즘은 '돌싱[돌아온 싱글]'이라는 표현에서 느껴지듯이 이혼 당사자에게 이는 큰 흠결로 느껴지지 않는다. 연로한 부모님을 부양해야 하는 초로의 자식들, 나이가 많은데도 부모 곁을 떠나지 않는 자녀들, 혼인을 하지 않고 동거하는 사람들 등 현대 가족이 해체과정을 겪고 있다는 증거를 찾는 일은 쉽다.

시모주 아키코(下重 曉子)의 『가족이라는 병』(2015)은 출판과 동시에 사회에 큰 반향을 불러일으켰다. 이 책이 전하는 메시지는 현대 문명 말기라는 시대적인 상황을 맞이해서 에고가 하나의 질병이 되었음과 똑같은 이치로, 에고의 집합체인 현대 가족도 하나의 질병이 되어 버렸다는 것을 말하고 있다. 이 책이 큰 반향을 불러일으켰다는 것은 많은 현대인이 저자의 생각에 공감한다는 뜻이다.

가족제도는 원초적 사회제도이며, 모든 제도들 중에서 그 변화가 가장 느린 것이 특징이다. 그러나 요즘은 가족제도의 변화가 점점 빠른 속도로 일어나고 있고, 변화의 방향은 '현대 가족의 해체'인 것 같다. '현대 가족의 해체'는 가족이 끝장나는 것일까? 만일 우리들이 현대에 고착되어 있다면, '현대 가족의 해체'가 '가족의 해체'로 오인될 수 있다. 전현대에 고착되어 있었던 사람들에게, '전현대 가족의 해체'는 '가속의 해체'로 인식되었을 것과 동일한 이치이다. 그러나 '전현대 가족의 해체'가 '가족의 해체'가 아니었듯이, '현대 가족의 해체' 역시 '가족의 해체'는 아니다.

지금 급속한 해체의 길을 걷고 있는 것은 '현대 가족'이며 '가족'이 아니다. '가족'이라는 차원에서 보면, 가족은 해체되는 것이 아니라 '현대 가족'으로부터 '탈현대 가족'으로 가족제도의 변화를 일으키고 있는 것이다. 산업사회를 맞이해서 전현대 가족의 해체가 필연적이었듯이, 인공지능 시대를 맞이해서 현대 가족의 해체도 필연적인 것이다. 과거 전현대 가족으로부터 현대 가족으로의 전환이 필연적이었던 것처럼, 지금 현대 가족으로부터 탈현대 가족으로의 전환도 필연적인 것이다.

문제는 우리들이 현대 가족관에 고착되어 현재 일어나고 있는 변화를 부정적인 관점에서만 바라본다는 것이다. 『주역(周易)』 중뢰진괘(重雷震卦) 괘사(卦辭)를 보면, "우레가 옴에 놀랍고 두려운데 웃는 소리가 깔깔거린다[震來虩虩 笑言啞啞]"는 구절이 있다. 우레가 쳐서 모든 것이 흔들리고 무너져 내리니 두렵다. 그런데 어떻게 '웃음소리가 들리는 것일까?' 지금 현대 문명을 지탱했던 기둥 중의 하나인 현대 가족제도가 무너지고 있다. 그런데 어떻게 웃음소리가 들리는 것일까?

현대 가족제도가 무너지고 있는데, 깔깔대는 웃음소리가 들릴 수 있는 이유는 바로 이것이다.

"무너져야 할 것이 무너지기 때문이다. 헌 부대에 새 술을 담을 수 없듯이, 금방이라도 무너질 것 같은 건물 옥상에 새로운 건물을 세울 수 없듯이, 낡은 현대 문명의 기둥 위에 탈현대의 새로운 집을 세울 수는 없다. 무너질 것은 무너져야 하며, 파괴된 폐허가 바로 새로운 창조의 터전이 된다. 그러므로 무너짐의 한가운데서 웃음소리가 들리는 것이다"(홍승표, 2014: 87).

현대 가족이 급속히 무너져 내리고 있는 현장에 서 있는 우리는 무엇을 해야 할까? 무너지는 기둥을 부여잡고 안간힘을 쓰면서 붕괴를 막으려고 애써야 할까? 한숨과 한탄 속에 시름의 세월을 보내야 할까? 아니다! 우리는 현대 가족이라는 고목이 썩고 무너져 내리는 한가운데에서 새롭게 움터 나오고 있는 탈현대 가족의 새싹을 볼 수 있어야 한다. 그리고 탈현대의 새로운 가족을 구상화하는 작업을 수행해야 한다. 이것이 문명의 현 시점에서 왜 새로운 가족을 모색해야 하는가에 대한 이유이고, 우리들이 이 책을 집필하게 된 동기이다.

## 2. 왜 동양사상에게
## 인공지능 시대의 가족을 묻는가?


'동양사상에게 인공지능 시대의 가족이 어떤 형태여야 하는가를 묻는 것', 이것이 이 책이 제기하는 질문이다. 그런데 이 책의 필자들은 왜 오래되고 고리타분해 보이는 동양사상에게 인공지능 시대의 새로운 가족을 묻는 것인가? 그 이유는 동양사상에는 탈현대 가족을 구상화하는 데 도움이 되는 자원들이 풍부하게 내장되어 있기 때문이다. 동양사상 중에서도 유가사상과 불가사상은 특히 그러하다.

인공지능 시대의 개막은 새로운 탈현대 가족에게 하드웨어를 제공해 주며, 동양사상은 새로운 소프트웨어를 제공해 줄 수 있다. 인공지능 시대가 본격적으로 개막되면, 가족생활의 모든 측면들이 혁명적인 변화를 겪을 것이다. 인공지능 시대의 개막이 초래할 가족생활의 가장 현저한 변화는 무엇일까? 인공지능 시대는 더 이상 인간의 노동을 필요로 하지 않는 시대이다. 그래서 탈현대 가족은 더 이상 가족 생계를 위해 직업적인 노동을 통해 돈을 벌어 오는 가족원을 필요로 하지 않는다. 또 하나의 중요한 변화는 인공지능 로봇이 모든 가사노동을 대체할 것이어서 과거 주부들이 가정에서 수행했던 역할 역시 사라질 것이라는 점이다.

탈현대 가족은 인공지능 시대가 초래하는 가족의 새로운 하드웨어를 현대 가족의 낡은 소프트웨어와 결합시킨 가족이 아니다. 이것은 불가능하며, 바람직하지도 않다. 인공지능 시대의 도래는 필연적인 역사의 물결이다. 그러므로 가족의 영역에서 우리에게 시급한 일은 탈현대 가족의 소프트웨어를 구성하는 작업이다. 동양사상이 이런 시대적인 필요에 부응할 수 있다고 본 연구진은 판단하고 있다.

과거의 가족 유형인 전현대 가족, 현재의 가족 유형인 현대 가족, 그리고 미래의 가족 유형인 탈현대 가족, 이 세 가지 가족 유형의 공통점과 차이점은 무엇일까? 이 책에서 필자들은 인류의 존재 차원과의 관련에서 그것을 밝혀 보고자 한다. 인류가 지구상에 출현한 이래 현재에 이르기까지 인류는 네 가지 수직적인 유형의 존재 차원을 발전시켜 왔다.

첫 번째 존재 차원은 동물적인 존재 차원이다. 인류의 출현은 약 400만 년 전의 일로 추측된다. 남아프리카에서 발견된 오스트랄로피테쿠스(原人)는 똑바로 서서 걸었고 석기를 만들었다(김희보, 2010). 인류의 역사를 400만 년으로 잡는다면, 문명 이전의 인류는 399만 년을 다른 동물들과 마찬가지로 동물적인 존재 차원에서만 존재했다.

두 번째 존재 차원은 집단 에고의 존재 차원이다. 불의 발견, 문자의 발명, 인간의 인지능력이 커지고 자의식이 발전하면서 인류는 농업혁명을 일으켰고, 문명이 발생했다. 전현대 문명이 유지·발전하기 위해서 가장 긴요한 일은 집단 내에서의 갈등을 최소화하는 것이었다. 그래서 사회화과정에서 '소속집단에 대한 헌신'이 특히 강조되었다. 그 결과, 전현대 사회에서 인류는 소속집단과 자신을 동일시하는 집단 에고를 발전시키게 되었다.

세 번째 존재 차원은 개별 에고의 존재 차원이다. 근대가 시작되면서, 집단에 예속되어 있던 에고를 해방시키고자 하는 노력이 확산된다. 이성에 대한 강조, 자유와 평등에 대한 희구가 강화되고, 이는 구체제를 몰락시키고 공화정을 수립하는 원동력이 된다. 사회 하부구조의 영역에서 보면, 산업혁명이 일어나고 이는 현대 사회의 구축과 확산을 촉진시킨다. 이리하여 현대 사회에서는 자신을 둘러싸고 있는 세계로부터 분리된 개체로서의 자아의식이 급속히 확산되는데, 이것을 우리는 개별 에고라고 명명한다.

네 번째 존재 차원은 '참나'의 존재 차원이다. 탈현대 문명이 개화하면, 인간의 가장 높은 차원이라고 할 수 있는 '참나'가 자아의식의 헤게모니를 장악하게 될 것이다. 인공지능 시대의 개막은 '참나'의 대중적인 출현과 확산을 위한 구조적인 조건으로 작용할 것이다. '참나'란 개별 에고를 벗어난 '우주적인 존재로서의 나'이다. '참나'가 활성화되면, 우린 '사랑할 수 있는 존재', '용서할 수 있는 존재', '겸손할 수 있는 존재', '감사할 수 있는 존재', '아름답게 미소 지을 수 있는 존재'로 거듭나게 된다.

그러나 이전보다 높은 수준의 존재 차원이 발달한다고 해서 이전의 존재 차원이 사라지는 것은 아니다. 다만 새로운 존재 차원이 출현하면, 이전의 존재 차원은 작용하는 정도와 중요성이 약해지고 새로운 존재 차원이 헤게모니를 장악하게 된다.

그럼, 인류의 존재 차원의 변화와 가족제도의 연관성을 살펴보도록 하자. 모든 가족제도의 밑바탕에 깔려 있는 것은 인류의 동물적인 차원이다. 생식을 위한 이성애와 자녀의 양육을 위한 모성애는 모든 동물들이 갖고 있다. 만일 이성애와 모성애가 없다면 그 종족은 곧바로 멸종할 것이기 때문이다. 인류 역시 문명 이전에 이성애와 모성애의 기반 위에서 종족을 보존해 왔다. 문명 발생 이후에도 이성애와 모성애는 모든 가족제도를 성립·유지시키는 바탕이 되어 왔다.

문명의 시작과 더불어 전현대 가족제도가 발달했다. 전현대 가족제도는 생식과 양육이라고 하는 동물적인 차원과 집단 에고라는 존재 차원이 결합해서 출현한 가족제도이다. 전현대 가족제도에서는 가족 구성원 개인보다는 전체로서의 가문의 유지와 번성이 중시된다. 다산(多産)의 가치, 대가족제도의 발달, 친족관계의 중시 역시 전현대 가족의 중요 특징이다.

현대 문명의 발전은 분리된 개체로서의 현대 인간관의 발전과 궤를 같이한다. 현대 가족제도는 동물적인 차원, 집단 에고와 개별 에고라는 존재 차원이 결합해서 출현한다. 현대 가족에서는 전체로서의 가문보다 가족 구성원 개인의 존재가 중시된다. 부부가 중심이 되는 소수가족이 보편화되며, 가족 구성원의 개성에 대한 존중, 가족원 간의 자유롭고 수평적인 관계가 중시된다.

인공지능 시대의 새로운 가족제도는 탈현대 가족이다. 탈현대 가족제도는 동물적인 차원, 집단 에고, 개별 에고, 그리고 '참나'의 존재 차원이 결합해서 출현한다. 이 중, 가장 중요한 것은 '참나'의 존재 차원이다. 탈현대 가족은 구성원 개인의 자유와 개성을 존중하지만 동시에 가족원들 간의 유대가 깊다. 가족은 수행과 낙도의 공동체로서의 새로운 정체성을 형성할 것이다.

이 책의 과제는 인공지능 시대의 새로운 가족제도인 탈현대 가족을 구상화하는 것이다. 그런데 이를 위해서는 두 가지 중요한 측면에 대한 숙고가 필요하다. 하나는 탈현대 가족에서 핵심적인 존재 차원인 '참나'란 무엇이며, '참나'를 기반으로 한 가족제도는 어떤 것일까에 관한 것이다. 다른 하나는 탈현대 가족 역시 동물적인 차원뿐만 아니라 집단 에고와 개별 에고의 존재 차원을 망라해야 하는 문제이다. 전자의 경우는 불교 사상과 불교 승가공동체의 역사적인 경험이 크게 기여할 수 있는 부문이고, 후자의 경우는 유가 사상이 기여할 수 있는 바가 크다.

먼저 불교 사상과 승가공동체가 탈현대 가족의 형상화에 기여할 수 있는 바를 살펴보기로 하자. 불교 사상은 물론 '참나'를 '궁극적인 나'로 간주하고, 이를 자각하고 실현하는 것을 목표로 삼고 있다. 그래서 '참나'의 존재 차원을 기반으로 삼는 탈현대 가족 구상화에 기여할 수 있다.

불교는 '참나'의 자각과 실현을 위해 수천 년간 수행공동체를 형성, 발전시켜 왔으며, 이는 수행공동체로서의 새로운 가족 구상화에 큰 도움을 줄 수 있다. 현대 가족과 확연히 구분되는 탈현대 가족의 특징은 가족이 수행공동체로서의 특성을 갖고 있다는 점이다. 그런데 불가는 초기부터 승가(僧家)를 형성했고, 2,500년이 넘는 오랜 기간 동안 수행공동체로서 운영되어 왔고 많은 경험을 축적해 왔다.

승가와 탈현대 가족 모두가 수행공동체로서의 특성을 공유하고 있다. 바로 이런 점 때문에, 수천 년 동안 수행공동체를 운영하는 가운데 축적된 지혜가 탈현대 가족 구상화에 활용될 수 있다. 가족 내에 공동 수행을 위한 공간을 마련하는 것, 가족원들 간에 분쟁이 생겼을 때 해결하는 방법, 자녀교육의 방법 등, 다양한 측면에서 이런 시도가 이루어질 수 있으리라고 본다.

유가 사상 역시 탈현대 가족 구상화에 크게 기여할 수 있는 다양한 측면이 있다. 우선, 유가 사상에서 '중용(中庸)'의 정신은 그 핵심에 있는데, 중용사상은 탈현대 가족 구상화에 크게 기여할 수 있다. 탈현대 가족이 승가공동체와 크게 구분되는 점은 승가공동체는 '참나'만을 추구하면 되지만, 탈현대 가족은 이와 동시에 이성애나 모성애와 같은 인간의 동물적인 본능이 가족 구성과 유지에 바탕이 된다는 점이다. 뿐만 아니라 가족공동체는 집단 에고와 개별 에고를 배제하고 성립하기 어렵다. 그래서 이런 인간의 낮은 존재 차원들이 존중되는 가운데, '참나'의 실현을 추구하는 가족 모델을 구성해야만 한다. 이런 작업을 수행할 때 유가의 중용사상은 좋은 바탕을 제공해 줄 수 있다. 기하학적인 사유 방식에 바탕 한 플라톤의 유토피아인 국가에서 가족이 전면적으로 해체된 사례는 유가의 중용적인 사유 방식이 현실적이면서도 이상적인 탈현대 가족 구상화에 얼마나 유용할 수 있는가를 잘 보여 준다.

또한 유가는 가족을 이상사회를 구현해 나가는 핵심적인 단위로 삼고 있다. '수신제가치국평천하(修身齊家治國平天下)'라는 말은 유가의 이상사회 구현 전략을 잘 보여 준다. 이런 점에서 유가는 가족을 사회 변화의 중심에 둔 세계 유일의 사상인 것 같다. 공자는 이런 사회 변화 전략의 주창자이며, 이를 계승해서 '수신제가치국평천하'를 구현하고자 분투했던 사람은 주자(朱子)였다. 그런데 탈현대적인 이상사회를 구현해 나가는 데에서도 동일한 전략이 가능하다.

유가에서는 나의 변화를 통한 가족의 변화, 가족의 변화를 통한 사회 변화를 추구하며, 가족은 이상사회 구현에서 핵심적인 매개 고리의 역할을 한다. 이런 유가의 가족관이 탈현대 가족 구상화에 기여할 수 있는 점을 몇 가지 지적하면 다음과 같다.

첫째, 탈현대 사회 건설과 현대 사회 건설은 그 방법이 상이하다. 현대 사회는 노동에 의해 건설되었으며, 자기 바깥에 있는 사회구조의 변혁을 통해 변화가 추구되었다. 반면에, 탈현대 사회는 수신(修身)[修道, 修行, 修養, 마음공부]에 의해 건설될 수 있으며, 나의 변화를 통한 세계 변화가 추구된다. 유가의 전략은 탈현대 사회 건설 방법과 맞닿아 있으며, 가족은 바로 그 중심에 있다. 유가의 '수신제가치국평천하'와 마찬가지로, 탈현대 사회 건설의 과정에서도 가족은 그 트뢰거로서의 위치를 가지며, 바로 이런 점에서 유가 가족관이 갖는 탈현대적 함의가 있다.

둘째, '수신제가치국평천하'를 말할 때, 가족은 자신을 둘러싼 세계에 열려 있다. 이것은 가족이기주의에 빠져 있는 현대 가족과의 큰 차이점이다. 현대 가족은 섬과 같은 존재이다. '외부 세계와의 근원적인 분리'는 현대 사회 일반을 구성하는 원리이다. 이것은 또한 현대 가족을 구성하는 원리이기도 하다. 탈현대로 나아가고자 할 때, 현대 가족이 갖고 있는 이런 폐쇄성을 청산해야 한다. 다른 가족, 사회에 열려 있는 새로운 가족 모델이 필요한데, 상기한 유가 가족관은 이런 필요를 충족시킬 수 있는 방안을 담고 있으며, 탈현대적인 함의가 크다.

셋째, 공자가 '수신제가치국평천하'의 이상을 주창했다면, 이를 구현하기 위해 온 삶을 바친 사람은 주자이다. 그의 분투는 중국과 한국 사회에 지대한 영향을 끼쳤지만, 전현대 사회의 견고한 사회구조와 특수주의적인 가치관을 일소하는 것은 애초에 불가능한 일이었다. 주자 당시가 아니라, 탈현대 사회구조가 출현하고 있는 지금이야말로 주자

의 꿈이 현실화될 수 있는 시점이 될 수 있다. 바로 이런 의미에서 주
자의 삶과 사상은 탈현대 가족 구상화와 실천에 기여할 수 있다.

# 3. 인공지능의 발달은
# 가족을 어떻게 변화시킬 것인가?

사회 하부구조는 가족 구성, 제도, 가치관 등에 큰 영향을 미친다. 역사적으로 보면, 농업혁명 이후 정착생활이 가능해졌고, 가족생활의 측면에서 보면, 전현대 가족의 구성이 이루어졌다. 또한 농경사회로부터 산업사회로의 전환이 가족제도의 큰 변화를 가져왔다.

농경사회에서는 대가족제도가 전형적이었다. 전현대인들은 수백 년 동안 대지에 뿌리를 내리고 이동이 거의 없는 삶을 영위했고, 농경을 위해서는 가족 노동력이 필요했기 때문에 농경사회에서는 거의 예외 없이 대가족제도가 형성되었다. 자연히 친족 간의 유대가 깊었고, 노인에 대한 공경심이 높았다.

산업혁명의 발발과 진행은 가족제도의 큰 변혁을 초래했다. 사람들은 직장을 쫓아서 이동해야 했기 때문에 대가족제도를 유지하는 것은 거의 불가능해졌고, 더 이상 가족 노동력도 필요가 없어졌다. 그 결과, 핵가족제도가 출현하고 보편화되었다. 자연히 부부가 가족생활의 중심축이 되었고, 친족관계는 약화되었다.

그렇다면 인공지능의 발달은 가족을 어떻게 변화시킬 것인가? 몇 가지 중요한 변화를 예상할 수 있다.

첫째, 인공지능의 발달은 가족의 경제적인 생산 기능을 해체시킬 것이다. 전현대 가족이나 현대 가족의 경우, 경제적인 생산 기능이 중요했다. 전현대 가족의 경우, 가족은 생산 공동체이기도 했으며, 현대 가족에서는 부모가 생산 활동에 참여하고 가족원들이 공동으로 수비했다.

인공지능의 발달은 생산과정에서 인간 노동력에 대한 필요를 급감시킨다. 산업혁명이 발발할 때까지 대부분의 동력은 인력, 축력, 풍력 등과 같은 자연력에 의존했다. 잉여생산력이 아주 제한적이었기 때문에, 과거 농경사회에서는 소수의 지배계급을 제외하면 대부분의 사람들은 평생 고된 노동에 시달려야 했다. 그들은 아주 어려서부터 수족을 움직일 수 없을 정도로 나이 들 때까지 일했으며, 새벽부터 밤늦게까지 일해야 했다(홍승표, 2007: 42).

증기기관의 발명을 시발점으로 하는 산업혁명의 발발은 삶과 사회를 혁명적으로 바꾸어 놓았다. 변화의 중심축은 인간의 근력이 기계력으로 대체된 것이다. 기계가 인간의 고된 노동을 대신하게 되면서, 인류는 고된 노동으로부터 상당 부분 해방되었다. 단위 생산에 투입되는 노동량은 급진적으로 감소했으며, 생산량은 비약적으로 증대했다.

기계력의 발달이 인간의 근력을 대체했듯이, 인공지능의 발달은 인간의 지력을 대체하게 될 것이다. 인간의 노동력은 구상[지력]과 실행[근력]이라는 두 가지 요소로 구성되어 있다. 그런데 실행을 기계력이 대신하고, 구상을 인공지능이 대체함으로써, 인공지능 시대에는 더 이상 인간의 노동력이 필요 없을 것이다. 인공지능 로봇에 의한 인간 노동의 대체가 지금 지구촌에서 활발하게 일어나고 있다.

분배의 측면에서 보면, 지금까지는 자본가를 제외한다면, 대부분의 사람들은 노동의 대가로 분배를 받았다. 그러나 앞으로는 노동 없이 분배를 받는 시대가 올 것이다. 그러므로 가족원들 중 아무도 생산 활동에 참여할 필요가 없으며, 자녀들 또한 직업준비 교육의 필요가 사라진다. 이리하여 가족의 경제적인 생산 기능이 미래의 가족에서는 사라지게 될 것이다. 가사노동의 영역에서도 똑같은 일이 벌어질 것이다. 가사도우미 인공지능 로봇의 출현과 확산은 궁극적으로 모든 가사노동에서 인류를 해방시킬 것이다.

둘째, 인공지능의 발달은 수행과 낙도(樂道) 공동체로서의 가족을 출현시킬 것이다. 가족의 본질은 사랑의 공동체이다. 전현대와 현대 가족의 경우, 경제적인 생산 기능이 중요했기 때문에, 사랑의 공동체로서의 가족이 전면에 부각되기 어려웠던 측면이 있었다. 그러나 생산 활동에 참여하지 않고서도 경제적인 안락을 누릴 수 있게 되면, 가족 본연의 기능이 가족생활의 중심을 차지하게 될 것이다.

가족을 사랑의 공동체로 만들어 가기 위한 노력이 수행이며, 사랑의 공동체로서 가족생활을 즐기는 것을 낙도라고 한다. 그래서 탈현대 사회에서 가족은 수행과 낙도 공동체로 거듭날 것이다.

# 4. 탈현대 가족의 특징

탈현대 가족은 수행과 낙도 공동체로서의 가족이다. 가족은 함께 산책하고, 담소를 나누며, 텃밭을 가꾸고, 행복한 식사를 하며, 함께 노래를 부를 것이다. 이 모든 가족활동이 수행과 낙도로서의 가족생활이다.

탈현대 가족 구성은 혈연에만 한정되지 않을 것이다. 혈연에 바탕한 가족도 그 범위가 훨씬 확대될 것이다. 나를 기준으로 부모, 조부모, 자녀, 손자뿐만 아니라 처가 쪽 친족들과 방계 친족들 역시 가족에 포함될 수 있다. 혈연 외에도 이웃의 외로운 노인, 돌봄이 필요한 사람, 때로는 민족이나 인종이 다른 사람들도 가족의 일원이 될 수 있다. 또한 인공지능 로봇도 미래에는 가족의 일원이 될 것이다.

탈현대 가족관계는 어떤 특징을 갖게 될까? 탈현대 가족은 전현대 가족과 현대 가족의 가족관계에서 각각의 장점은 겸비하고 있으며, 단점은 배제되어 있다. 탈현대 가족원은 현대 가족보다 더 가족 속에서 자유롭고, 가족원들은 서로의 개성을 깊이 존중한다. 그러나 동시

에 가족원들 간에는 전현대 가족원들보다 더 깊은 유대가 형성되어
있다.

　탈현대 가족원은 서로를 구속하지 않으며, 각자 가족 속에서 자유
롭다. 전현대 가족은 가족원에 대한 구속이 심했다. 그렇다고 해서 현
대 가족이 완전히 자유로운 것은 아니었다. 여전히 부부관계와 부자
관계에서는 속박이 심했고, 이것이 가족관계의 불행을 초래한 경우가
많았다. 하지만 탈현대 가족에서는 가족원들 산의 모든 속박이 사라
지고 가족원들은 서로를 자유롭게 할 것이다. 탈현대 가족관계의 핵
심은 사랑의 관계인데, 자유는 사랑이 숨 쉬고 자랄 수 있는 토양이
다. 그래서 부부관계와 부자관계에서도 가족원들은 서로를 자유롭게
한다.

　탈현대 가족원들은 각자의 개성을 존중한다. 가족원들은 저마다 성
격도 다르고 취미도 다르다. 가족원들 각자는 자신의 성격이나 취미
에 따라 즐거움을 누릴 뿐 다른 가족원을 간섭하지 않는다.

　탈현대 가족은 사랑의 공동체이다. 이것은 역사적으로 모든 가족이
추구한 목적이었지만 탈현대에 이르러 실현된다. 가족원들은 깊은 유
대감으로 하나가 되어 있다. 가족원들은 서로의 기쁨과 슬픔을 함께
나눈다. 가족원들은 서로 깊이 사랑하며 지극히 친밀하지만 서로에게
공경하는 마음을 잃지 않는다.

　탈현대 가족의 또 하나의 특징은 개방성과 탈중심성이다. 탈현대
가족은 개방성을 그 특징으로 한다. 이것은 현대 가족의 폐쇄성과 대
비를 이루는 부분이다. 탈현대 사회는 가족을 출발점으로 해서 지구
촌으로까지 확대되는 동심원적인 확대 모델을 갖게 될 것이다. 가족
은 인드라망과 같은 탈현대 사회구조에서 기본 단위를 형성하고, 가

족 간에 그리고 보다 큰 사회 단위와 활발한 소통과 교류가 일어날 것이다.

탈현대 사회에서 어떤 가족도 섬처럼 존재하지 않는다. 그들은 이웃 가족들과 진정한 소통과 교류를 하며 우의를 발전시켜 나갈 뿐만 아니라, 어려움을 겪고 있는 지구촌의 이웃에 대해서도 늘 깊은 관심을 기울이며, 필요한 도움을 제공한다.

탈중심성은 탈현대 가족의 중요한 특징이다. 전현대 가족에서는 가장이 가족의 중심이었고, 부자관계가 중심축이었다. 현대 가족에서는 부부가 가족생활의 중심이 되었다. 그러나 탈현대 가족에서는 아무도 배타적인 중심인물이 아닌 가운데, 모든 가족 구성원들이 중심인물이 된다.

탈현대 가족은 교육 기능을 재통합할 것이다. 어른이라고 통칭될 수 있는 '참나'를 자각한 가족 내에서의 연장자들이 어린이와 젊은이에 대한 교육을 담당할 것이다. 또한 지극히 분권화된 탈현대 사회에서 정치적인 측면에서도 가족은 자율성을 갖고 정치의 기본 단위로 작용할 것이다. 경제적인 영역에서도 가족은 소비의 측면뿐만 아니라 생산의 측면에서도 자율적인 단위가 될 것이다. 전력이나 식수의 생산은 물론이고, 3D 프린터를 활용해서 필요한 물품을 자체 생산할 것이다.

# 5. 탈현대 가족의 소임

　산업혁명의 발발로 전현대 가족은 현대 가족으로 탈바꿈하게 되었다. 인공지능 발달을 축으로 하는 신기술혁명의 발발은 현대 가족을 탈현대 가족으로 탈바꿈시키게 될 것이다. 그러나 이것이 전부는 아니다.

　만일 계몽사상을 필두로 해서 인권, 자유, 평등, 민주적인 의사결정 과정 등에 대한 옹호와 이런 신념의 광범위한 확산이 없었다면, 현대 가족은 핵가족이긴 하지만 여전히 전현대 가족의 특징을 보전했을 것이다. 즉, 전현대 가족의 수직적인 권력구조, 자녀의 인권 경시, 개성에 대한 존중의 결여, 비민주적인 의사소통방식이 그대로 계승되었을 것이다. 즉, 현대 가족의 형성에는 산업혁명의 발발이라는 하드웨어적인 변동이 중요하지만, 현대 세계관에 바탕을 둔 현대적인 신념체계라고 하는 소프트웨어적인 면도 그 이상으로 중요하다는 것이다.

　현대 가족으로부터 탈현대 가족으로의 전환 역시 동일한 구조를 갖고 있다. 인공지능 발달을 중심으로 한 신기술혁명은 현대 가족의 붕괴를 촉진하고 탈현대 가족의 출현을 촉진시키는 역할을 할 것이다. 그러나 행복한 가족생활과 가족이 탈현대 사회 건설의 중심이 되기 위해서는 이것만으로는 부족하다. 새로운 소프트웨어가 필요한 것이다.

탈현대 가족을 위한 소프트웨어는 무엇이 될 것인가? 탈현대 세계관이 될 것이다. 이 책이 탈현대 가족을 논의하면서 동양사상에 의거하고자 하는 이유도 동양사상 속에는 탈현대 세계관이 풍부하게 내장되어 있기 때문이다.

탈현대 가족의 소프트웨어가 될 탈현대 세계관이란 무엇인가? 현대 세계관이 '공간적·시간적으로 모든 존재들 간의 근원적인 분리'를 전제로 세계를 인식한다면, 탈현대 세계관은 '공간적·시간적으로 모든 존재들 간의 근원적인 통일성'을 전제로 세계를 인식한다. 탈현대 세계관의 관점에서 보면, 이 세상 모든 존재들은 근원적으로 연결되어 있을 뿐만 아니라 아무리 미물이라고 하더라도 우주 전체를 자신 안에 담고 있다.

화엄사상에서 말하는 화엄의 세계를 생각해 본다면 탈현대 세계상을 비교적 쉽게 상상할 수 있다. 모든 존재는 불성(佛性)을 내포하고 있다. 이것은 모든 존재들이 상즉相卽(mutual identity)·상입相入(mutual penetration)할 수 있는 존재론적인 근거가 된다. '나는 나고, 너는 너다'라는 인식이 현대 세계상의 요체라면, '나 속에 너 있고, 너 속에 나 있다'라는 인식이 탈현대 세계상의 요점이라고 하겠다.

'나는 너를 포함하고 있고, 너는 나를 포함하고 있으며, 나는 너 속으로 들어가고, 너는 나 속으로 들어오며, 궁극적으로 나와 너는 하나이다.' 이것이 탈현대적인 관점에서 바라본 세계의 모습이다. 탈현대적인 관점에서 세계를 바라보면, 우리는 개체에서 전체를, 특수에서 보편을, 순간에서 영원을 파악할 수 있다.

그러나 이것은 개체성의 소멸을 의미하지 않는다. 일과 다는 서로를 받아들이고 있으면서도 같은 것이 아니라고 하는 '일다상용부동(一多相容不同)'[1]인 것이다. "일 속에 다를 갖추고 있다고 하더라도 또한 일은 바로 그 다가 아닐 따름이다."[2] 탈현대 세계관에서 말하는 일즉다(一即多)는 개체성을 인정하지 않는 전체주의 철학과는 근본적으로 다른 것이다.

탈현대 세계관에서 보면, 도(道)나 불성(佛性)은 모든 존재에 편재해 있다. 당연히 인간에게도 도나 불성이 내재하여 있다. 이를 '참나'라고 한다. 인간은 다른 모든 존재들과 마찬가지로 '참나'를 내장하고 있는 존재일 뿐만 아니라 '참나'를 자각할 수 있는 존재이다. 탈현대 인간관이란 바로 '참나'를 내장하고 있을 뿐만 아니라 자각할 수 있는 존재로서의 인간이라고 요약할 수 있다. 탈현대 세계관에 입각하면, 삶의 궁극적인 목표는 '분리된 개체로서의 나'라고 하는 '거짓 나'를 벗어나 '참나'를 자각하고 즐기는 것이다. '참나'를 자각하기 위한 노력을 수행이라고 하고, 자각된 '참나'의 활동을 낙도라고 한다. 이것이 왜 탈현대 가족이 수행과 낙도의 공동체가 되어야 하는가에 대한 이유이다.

이리하여, 개인적인 차원에서 보면, 수행과 낙도 공동체로서의 탈현대 가족은 가족 구성원 각자의 인간다운 삶을 실현하는 터전이 된다. 사회적인 차원에서 보면, 탈현대 가족은 사랑의 사회로서 탈현대 사회를 건설하는 핵심적인 담당자가 된다.

1. 一多相容不同門은 화엄 철학의 정수라고 할 수 있는 「十玄門」의 하나이다.
2. 法藏(1998), 『華嚴學體系(華嚴五教章)』, 김무득 옮김, 우리출판사, 398쪽.

# 2

## 주자의 '가(家)', 인공지능 시대의 새로운 가족이 될 수 있을까?

이승연

# 1. 고립인가? 연대인가?

　2016년 기준으로 1인 가구 26%, 2017년 기준으로 합계출산율 1.05명, 노령인구 14% 등, 결혼제도의 붕괴는 말할 것도 없고, 가족 해체를 예언하는 지표들이 증가하고 있다. 기술이 발달하면서 손가락을 까딱하는 것만으로도 음식 주문에서 세탁까지 손쉽게 이루어지는 이 새로운 시대에 사람들은 더 이상 고립을 두려워하지 않게 되었으며, 자발적으로 고립을 선택하기도 한다.

　그래서일까? 일본에서는 '언택트족'이라는 새로운 신조어가 등장했다. 말 그대로 접촉하지 않는 것, 사람과의 대면 자체를 거부하는 새로운 종족이 출현한 것이다. 점원이 사라진 맥도날드의 키오스크, 점원과의 대화 없이 음료를 주문하는 스타벅스의 사이렌 오더, 무인 택배함 등, 사람과의 접촉을 최소화하고, 비대면 형태로 정보와 서비스를 제공하고자 하는 언택트 문화는 IT 기술의 성장을 기반으로 젊은 층의 개인주의와 결합하면서 확대일로에 있다. 개인의 고립은 어디까지일까? 개인은 점점 더 고립되어도 좋은 것일까?

그런데 다른 한편으로 흥미로운 것은 이 '언택트족'은 스스로를 고립되어 있다고 생각하지 않는다는 점이다. 『절망의 나라의 행복한 젊은이』의 등장인물이 그렇듯이, 그들은 자신들이 인터넷 공간을 통해 연결되어 있다고 믿으며, 자신들의 고립을 부정한다. 가상공간이 더 이상 '가상'이 아닌 지금, 그들의 주장처럼 이 초공간적 연결망은 전통적인 인간관계, 특히 가족관계를 대체할 수 있을지도 모른다. 그렇다면 이제 더 이상 전통적인 가족은 의미가 없는 섯일까?

자발적으로 고립을 선택했던 것은 아니었지만, 개인의 고립이 심화되었던 시대가 있었다. 오대십국이라는 대암흑기를 거치고 성립된 송대는 일상처럼 반복되던 전쟁의 후유증과 가진 자들의 수탈로 힘없는 사람들은 삶의 터전을 빼앗겼고, 부평초처럼 뿌리 없이 흔들리며 유랑해야 했다. 오늘날과 달리 국가의 힘이 미치지 않던 시대, 개인의 고립은 곧 죽음을 의미했다.

송대 유학자들이 '가(家)'의 재건에 지대한 관심을 보였던 것은 결코 우연이 아니었다. 이 고립된 사람들에게 삶의 터전을 마련해 주기 위해서는 사람들을 그 고립으로부터 구해 줄 연결망이 필요했던 것이다. 고립된 사람들을 이어 줄 가장 강력한 연결고리, 아마 사람들이 가장 먼저 머리에 떠올린 것은 바로 '핏줄'이었을 것이다.

북송대의 명재상, 범중엄(范仲淹, 989~1052)은 사비를 털어 장원(莊園)을 건설하고, 범씨 성을 가진 사람이라면 누구라도 받아들이겠노라 공언했다. 수많은 권력자들의 방해에도 불구하고 청대까지 명맥을 이어 갔던 범씨장원의 시작이었다. 부모를 잃은 고아나 과부, 그리고 홀로 남은 노인 등, 의지할 곳이 없는 수많은 사람들이 이 장원으로 모여들었다. 범씨 성을 가진 사람들은 그 범씨라는 성(姓) 하나만으로

의탁할 곳을 찾았으며, 마침내 '범씨 성을 가진 사람 가운데는 굶는 사람이 없다'는 전설을 만들었다.

송대 유학자들에게 범중엄의 장원은 일종의 이상이었고 지향점이었다. 더더구나 과거제도의 강화로 가문의 흥망이 앞을 내다볼 수 없던 시대에, 개인은 '가'의 일원으로 자신을 보호하지 않으면 안 되었고, '가'는 자기 존속을 위해 개인을 결속시켜야 했다. '가'야말로 그들의 삶의 터전이었던 것이다. 송대 성리학자들이 종법제도의 부활을 역설한 것이나, '가'의 효율적 운영을 위한 '서의류(書儀類)'가 대거 출판된 것도 이런 시대적 배경과 무관하지 않았다. 말 그대로 '가'의 시대가 열린 것이다.

주자에게도, 그리고 주자를 계승한 후계자들에게도 범중엄의 장원은 이상이자 목표였다. 조선 주자학자, 이이(李珥, 1536~1584)가 100여 명에 이르는 그의 가솔을 이끌고 해주로 거처를 옮겼을 때, 그의 머릿속에는 분명히 범중엄의 장원이 있었을 것이다. 핏줄을 나누고 한솥밥을 먹는 사람들이 서로에게 의지하며 삶을 일구어 가는 것, 그것이 과거를 살았던 사람들이 스스로를 보호할 수 있는 유일한 방법이 아니었을까?

그러나 주자의 이상은 단순히 일족의 단합에 있지 않았다. 우리 마음속에 내재되어 있는 '인(仁)'이 일족에 그친다면 어떻게 그것을 '인'이라 할 수 있겠는가? 그는 향약을 만들어 마을 내 빈민이나 고아를 구제하고, 더 나아가 '천하위일가(天下爲一家)'를 기치로 내세워 '가'의 재건을 역설했던 여조겸(呂祖謙, 1137~1181)처럼, 그 '가'가 핏줄을 넘어 '향(鄕)'으로, 또 '국(國)'을 거쳐 '천하'로 확대되기를 원했다. 그의 초년 미완성 유작, 『주자가례』와 최만년의 유작인 『의례경전통해』는 그렇게 만들어졌던 것이다. 특히 『의례경전통해』는 '인'이 '가'와 '향'을 거쳐 천하로 확대되어 가는 과정을 '예(禮)'의 형태로 재현시키고자 한 것이었다.

이 글에서 다루는 『주자가례』는 사대부들이 일상에서 행하는 관혼상제례(冠婚喪祭禮)의 매뉴얼을 밝힌 것이다. 그런데 관혼상제례가 어떻게 고립된 개인을 가족 안으로 포섭하고, 평천하의 기틀을 마련할 수 있다는 것일까? 여기서 중요한 것은 관혼상제례가 아니라 그 의례를 주관하는 종자(宗子)이며, 제사를 중심으로 단합되는 일족의 마음, 일족을 위해서라면 기꺼이 자신을 희생하고자 하는 그들의 결의, 즉 '인'이었다.

『주자가례』가 조선사회에 본격적으로 시행되기 시작한 것은 임진왜란을 거지면서이다. 물론 거기에는 『주자가례』 자체가 낯선 문화였던 탓도 있었지만, 임진왜란으로 피폐해진 나라를 재건하고 민생을 안정시키기 위해서는 '가'를 재건할 필요가 있었기 때문일 것이다. 실제로 병자호란 후 고아와 홀로 남겨진 노인들이 '가'의 구성원으로서 도움을 받았으며, 그 결과, 거리를 떠도는 고아가 눈에 띄게 줄었다고 이 시기 사람들은 기록하고 있다.

이제 『주자가례』는 우리 사회에서 사라지고 있다. 관례와 혼례는 조선시대에도 제대로 시행되지 못했지만, 조선사회를 바꾸었던 상제례도 급격한 간소화 과정을 거치고 있으며, 사라지고 있는 중이다. 일족의 단합이 무의미해진 지금, 『주자가례』는 기껏해야 여성차별의 원흉으로 인식되거나, 명절 때마다 '명절증후군'이라는 새로운 문제를 야기하며 남녀 모두에게 비난의 대상이 될 뿐이다.

『주자가례』가 조선사회에서 무엇이었든, 주자가 거기에 어떤 이상을 의탁했든, 그것이 이 시대에 맞지 않는다면 사라져야 한다. 주자 자신도 그 사회에 맞지 않는 예는 저절로 사라질 것이라고 했으며, 예에서 '때 [時]'를 강조하지 않았던가?

문제는 『주자가례』가 아니다. 『주자가례』에 기획된 '가'의 붕괴 또한 중요하지 않다. 그런 '가'가 이 사회에 적합하지 않다면 붕괴되는 것이 당연하다. 문제는 그 '가'가 붕괴된 후, 우리를 고립으로부터 보호해 줄 연결망이다.

최근 전 연령층에서 발생하고 있는 '고독사'는 고립된 개인의 위기를 단적으로 보여 준다. 자신이 믿고 의지할 수 있는 사람이 없다고 대답하는 대부분의 사람들, 취업보다 인간관계 때문에 더 괴롭다고 대답하는 대학생, 은둔형 외톨이…. 지금 개인은 고립되고 또 고립되고 있다. 새로운 공동체를 미처 마련하기도 전에 전통적인 가족공동체가 무너지면서 우리는 우리를 지지해 주던 인간관계를 상실했다. 26%에 달하는 1인 가구는 앞으로 더 확대될 것이라고 한다. 우리 사회는 핵가족사회에서 1인 가족사회로 급격하게 변화하고 있는 것이다. 우리는 이처럼 급격하게 고립되어 가도 괜찮은 것일까? 이 고립 속에서 고아와 노인, 그리고 삶의 기반을 갖지 못한 가난한 개인들은 누구에게 의지해야 하는 것일까? 국가는 과연 이들을 보호할 수 있을까? 국가 보호의 사각지대에 놓여 있는 사람들은 어떻게 삶을 보장받아야 할까?

자발적 고립을 선택한 '언택트족'은 스스로를 고립되어 있다고 보지 않는다. 그들은 인터넷 공간에서 친구를 갖고 있으며, 자신이 극단적인 상황에 내몰리면 도움을 받을 수 있을 것이라고 낙관한다. 문제는 그렇게 낙관할 수 있는 언택트족은 극히 소수라는 점이다. 일부에서는 가상공간에서조차 소외된 사람을 말하며, 언택트족이 새로운 소외의 상징이라고 말하기도 한다. 그러나 만약 가상공간을 통해 그들이 말하는 진정한 공동체가 형성되기만 한다면 그것은 그것대로 새로운 '가'의 출현이라 말할 수 있을지도 모른다. 그러나 과연 그것이 전통적인 '가'를 대체할 수 있는 진정한 공동체로 거듭날 수 있을까?

맥도날드의 키오스크와 스타벅스의 사이렌 오더, 무인 택배함은 사람들과의 대면을 기피하는 언택트족을 겨냥한 것이라고 하지만, 실제로는 인건비 절감으로 기업 이윤을 증대시키려는 기업 전략일 가능성이 크다. 사람과의 대면을 기피하는 언택트족은 가상공간 속에서 새로운 공동체를 발견했다고 하지만, 역시 사람과의 관계 맺기에 실패한 사람들이 가상공간에서 도피처를 찾은 것인지도 모른다. 아니, 그럴 가능성이 매우 높다. 무엇보다 그들의 공동체가 폐쇄적이고 여전히 사회나 더 큰 공동체에 대해 무관심하다는 점이 그 증거가 아닐까?

전통적인 '가'가 해체되고 있는 지금, 우리는 새로운 공동체의 출현을 고민하지 않으면 안 된다. 그것이 여기서 '가'의 재건을 통해 개인의 고립을 넘어 '평천하'를 이루고자 했던 주자와 조선 주자학자들의 '가'사상, 그들의 이상과 현실을 반조해 보는 이유이다.

## 2. 가족(家族)을 넘어서 종족(宗族)으로

『주자가례』는 주자가 어머니의 상을 치르기 위해 만든 상제례에 관례와 혼례를 더한 것이다. 북송시대에는 이미 언급했듯이, 가정용 의례서라 할 수 있는 서의류들이 대거 출판되었고, 서의류 가운데 가장 뛰어난 것이라 평가받는 사마광(司馬光, 1019~1086)의 『서의』가 이미 유포되고 있는 상황에서 주자는 왜 이 가례서를 저술한 것일까? 『주자가례』가 『서의』를 참고하여 저술한 것인 만큼 두 예서는 일치하는 부분이 많으며, 통례편(通禮編)에 수록된 「거가잡의(居家雜儀)」는 『서의』에서 그대로 옮겨온 것이었다. 그럼에도 불구하고 주자가 굳이 가례서를 새로이 저술해야 했던 이유는 무엇이었을까?

『서의』와 『주자가례』의 가장 큰 차이점, 그것은 바로 『서의』가 '대가족제도'를 모델로 한 것인 데 반해, 『주자가례』는 '종족제도'에 기초한 것이라는 점이다. 종족과 가족, 그것은 무엇이 다르며, 또 왜 주자는 대가족이 아니라 종족의 부활을 추구한 것일까? 먼저 종족과 가족의 연원을 살펴보기로 한다.

## 1) 종족과 '공천하(公天下)'

동아시아 고유의 족제(族制)인 종법제도는 과거 식민지시대에는 주로 중국 사회 정체론의 주범으로 단죄되었고, 또 오늘날 중국 사회에서는 청산되어야 할 봉건제의 잔재로 비판받고 있다. 하지만 아이러니하게도 주자에게 그것은 이루지 못한 꿈이었고, 영원히 추구해야 할 대상이었다. 물론 전 년이라는 시대적 격차가 존재한다 하더라도 이 엄청난 괴리는 어디에서 비롯된 것일까?

적장자가 천자의 지위를 계승하여 대종(大宗)이 되면, 차자는 제후가 되어 소종(小宗)이 된다.

『예기』「대전편」에 보이는 이 구절은 종법의 원리를 설명한 것으로, 종법이 세습권의 확보를 위한 것임을 시사한다. 그렇다, 종법은 천자라는 지위를 적장자에게 세습하도록 규정한 것이다. 장자 상속, 그것이 주자에게는 그토록 중요한 일이었을까? 더구나 그것은 유가의 이상국가, 대동사회와도 모순되는 것이었다.

대도(大道)가 행해진 사회에서는 천하를 공(公)으로 하였고, 현명한 자와 뛰어난 자를 선출하여 신뢰와 친목을 두텁게 하였다.

같은 책,「예운편」에 등장하는 이 구절은 유가의 이상사회를 설명한 것으로, 거기서 그리고 있는 왕위 계승제는 장자 상속이 아니라 '선양'이다. 실제로 유가가 성인으로 추앙하는 요임금은 자신의 아들 대신에 대효(大孝)로 칭송받던 순임금에게 왕위를 물려주었고, 순임금 또한 치수(治水)로 공을 세운 우임금에게 왕위를 물려주었다. 그것을 후세 사람들은 '천하를 사사로이 하지 않은 것'이라고 했다. 그렇다면, 왕위를 적장자에게 물려준다는 것은 천하를 사사로이 여기는 것이 아닌가?

당 태종의 칙명으로 안사고(顏師古, 581~645) 등과 함께 『오경정의』를 찬정한 공영달(孔穎達, 574~648)은 이 구절을 두고, "천하를 자식에게 물려주는 것은 천하를 일가(一家)가 소유하려 한 것으로 우임금이 그 시초이다. 각자 자기의 부모를 부모로 하고…"라는 비판적 주해를 덧붙였다. 공천하(公天下)가 무너지고 사천하(私天下)가 시작되었다는 것이다.

각자가 자기 부모만을 부모로 여기는 사천하, 그 사천하를 주자가 기꺼워했을 리는 없다. 유가라면 누구나 그러했듯이, 그 또한 "자기 부모만을 부모로 섬기지 않고, 자기 자식만을 자식으로 사랑하지 않으며, … 어린아이는 성장할 수 있게 하고, 홀아비와 고아, 자식 없는 늙은이와 폐질에 걸린 사람이 모두 부양받을 수 있는" 대동사회를 꿈꾸었을 것이다[1].

그렇다면 선양이 불가능한 시대, 종법의 부활을 꿈꾸었던 주자는 이 종법을 통해 무엇을 이루려고 했던 것일까? 그것은 다음 한 구절에서 짐작할 수 있다.

천지에 가득 찬 것은 내 몸이며, 천지를 이끄는 것은 내 본성이다. 백성과 나는 동포요, 만물은 나와 한 몸이다. 천자는 내 부모의 종자(宗子)요, 그의 신하는 종자의 가상(家相)이다.

북송대를 대표하는 유학자 장재(張載)의 저 유명한 「서명(西銘)」의 한 구절이다. 여기서 특히 주목하고 싶은 것은 '천자는 내 종자'라는 부분이다.

『예기』「대전편」에서 설명하고 있듯이, 종법에 따르면 천자의 지위를 계승한 적장자는 대종(大宗)이 되고, 그 차자들은 각각 제후로 봉해져 소종(小宗)이 되며, 또 제후의 지위를 계승한 적장자가 다시 대종이 되면, 그 차자는 소종이 된다. 이 대종과 소종의 관계는 무한히 반복되면서 서민계층에까지 이르게 되는데, 그렇게 되면 천자를 정점으로 하는 하나의 피라미드가 형성되고, 마침내 천자를 대종으로 하는 종족이 완성된다.

이미 적장자 세습제가 정착된, 그것도 절대 왕정사회에서 '선양'이라는 유가의 이상을 실패할 수는 없있을 것이다. 이미 천하가 일가의 소유가 된 세상, 그 세상에서 주자는 오히려 그 '가'를 천하로 확충시켜 유가가 이상으로 추구했던 대동사회를 이룩하려 했다. 공영달은 우임금 이래 천하는 일가의 소유가 되었다고 개탄하며, 이를 '공천하'에 대비시켜 '사천하'라 불렀다. 하지만 주자는 이 '가'를 '사'가 아닌 '공'의 세계로 환원시킴으로써 천하를 '공천하'로 복귀시키려 했던 것이다.

주자의 '가'는 가족이 아니라 종족이었다. '가'가 '공'의 세계가 되기 위해서는 가족을 뛰어넘지 않으면 안 되었기 때문이다. '종'만이 혈연을 극복하며 더 큰 '종'으로 나아갈 수 있었고, 마침내는 '천(天)'과 하나가 될 수 있기 때문이었다.

## 2)『주자가례』와 종법

식민지 시대 일본 역사학자들은 주나라 이래 중국은 종족사회가 유지되었다. 다시 말하면 거기에는 어떤 변화나 발전도 없었다고 비판하며 중국 사회 정체론을 주장했다. 그러나 전후(戰後) 일본학자들은 이 종족의 출현이 송대에 발생한 전혀 새로운 것임을 입증함으로써 기존의 정체론을 뒤집고자 했다.

중국은 주나라 이래 종족사회를 유지하여 왔는가? 그렇지 않으면 마키노 다쓰미(牧野巽) 등의 주장처럼, 종족은 송대에 이르러 새롭게 출현한 것인가? 관점에 따라 이견이 존재할 수 있겠지만, 적어도 조선 사회를 변화시킨 그 종법은 분명히 주자의 종법사상, 특히 그것의 결정체라 할 수 있는 『주자가례』가 만들어 낸 것이었다.

주대의 종법과 구분되는 주자 종법사상의 특징은 무엇인가? 그것은 종족의 범위를 4대조까지로 한정시킨 소종주의, 종자와 제사권, 그리고 공동재산의 확보였다. 이 가운데 '공동 재산', 즉 '족재(族財)'는 주자의 독자적인 것으로, 주자는 제수를 마련하기 위한 제전(祭田)과 묘를 돌보기 위한 묘전(墓田)을 통해 종족의 공동재산을 증식시켜 나가도록 했다. 즉, 4대가 지난 조상이 제사 대상에서 제외되면, 그를 위해 마련한 제전과 묘전을 족재로 귀속시키게 하여, 세대를 거듭할수록 공동재산이 증가하도록 한 것이다.

종자에게 주어진 제사권과 재산권은 이 재산을 유지하고 보호하기 위한 것이며, 이 재산이 "어린아이는 성장할 수 있게 하고, 홀아비와 고아, 자식 없는 늙은이와 폐질에 걸린 사람이 모두 부양받을 수 있도록 한 것"이었음은 부언할 필요도 없을 것이다. 종자에게 주어진 권한은 실은 종족 전부를 부양할 막중한 책임이 따르는 것으로, 주자가 종자의 소임을 거듭 강조했음은 더 말할 필요도 없다. 주자는 생각했을 것이다. 비록 천하가 일가의 소유가 되었다 하더라도 천자로부터 뻗어 나간 무수한 '종(宗)'이 '공(公)'을 이룬다면 그 천하는 곧 '공천하'가 아니겠는가? 그리고 그 무수한 '종'이 '공'을 이루기 위해서는 종족 구성원이 기꺼이 자신의 사재(私財)를 족재에 귀속시켜야 하고, 종자는 이 족재를 오직 종족을 위해 쓰는 '공'의 정신을 이루어야 한다고. 실제로 주자의 '수신(修身)'은 거기로부터 출발한 것이다.

『의례』나 『예기』에도 종자가 등장한다. 그러나 종족보다는 가족이 중심이며, 이 가족 또한 기껏해야 조부모와 동거하는 삼대 가족이 전부였고, 그보다는 부모와 자녀로 구성된 소규모 가족이 더 보편적이었다. '동거동찬(同居同爨)', 즉 함께 살면서 한솥밥을 먹는 것을 흔히 가족이라 규정하지만, 『의례』나 『예기』에는 부모와 자식이 따로 사는 경우도 많다. 더구나 종자가 가족의 일원으로 '동거동찬'하는 경우는 거의 보이지 않는다. 단, 『예기』에 "부족한 것이 있으면 종자에게 얻고 남는 것이 있으면 종자에게 돌려주라"라는 구절을 통해 종자가 종족 공동재산을 일정 부분 관리했을 것이라 짐작할 수 있을 뿐이다. 그러나 주자에게는 그것만으로 충분하지 않았을까?

주자가 경(經)으로 추앙한 『의례』는 한대에 노나라 고당생(高堂生)이 전한 것이라 일컬어지는데, 사혼례(士婚禮), 사상견례(士相見禮) 등 모두 사례(士禮)뿐이며, 오복제도(五服制度)를 규정한 상복편(喪服篇)을 제외하면 모두 의식의 절차를 규정한 것이다. 거기에는 예의 본원에 대한 탐구도, 인간 본성에 대한 철학적 사색도 없다. 더구나 고당생이 전한 『의례』는 분서갱유를 거친 불완전한 '금례(今禮)'로, 하간헌왕(河間

獻王)이 발견했다고 하는 고경 『의례』는 이미 소실된 지 오래였다. 어쩌면 그것이 주자에게는 더 좋았는지도 모른다. 그는 고경『의례』에는 '사례'만이 아니라 '수신제가치국평천하'를 이어 주는 예가 온전히 구비되어 있었을 것이라 상정했고, 그것의 복원을 꿈꾸었다. 그의 최만년 유작인『의례경전통해』는 그 꿈의 결정체라 할 수 있을 것이다. 본원에 대한 탐구나 인간 본성에 대한 성찰만으로는 세상을 바꿀 수 없다. 거기에는 그것을 뒷받침해 줄 제도의 개혁이 필요했다. 주자는 남겨진 '사례'의 의식과 절차를 통해 새로운 세상을 만들 비전을 보았던 것이다.

그러나 주자의 꿈은 성공하지 못했다.『주자가례』는 중국 사회에 받아들여지지 않았고,『주자가례』의 보급에 지대한 공을 세웠던 명대의 구준(丘濬, 1418~1495)조차『주자가례』의 종법을 대대적으로 수정하여 대가족주의와 기묘하게 타협했다. 주자의 꿈을 실현하고자 한 것은 중국이 아니라 조선이었다. 그러나 조선에서조차 그 꿈은 빈번히 좌절되었다. 그것은 실학자 이익(李瀷, 1681~1763)이『주자가례』가 오히려 가족의 이산(離散)을 초래한다고 비판했던 것과 같은 이유였다. 피를 나눈 친형제조차 재산을 두고 다투는 세상에서 가족을 넘어 종족의 상호 부조를 목적으로 하는『주자가례』는 오히려 가족 내 갈등만 부추겼던 것이다.

흔히 주자는 소종주의라 일컬어진다. 4대조를 동일 조상으로 하는 집단으로 종족의 범위를 한정시키고, 4대를 지난 조상은 그 위패를 묻고 제사 대상에서 제외시켰기 때문이다. 불천위(不遷位)는 시조(始祖)에 국한되었고, 시조의 적통을 잇지 못한 차자들은 조상들의 위패가 사라지는 것을 지켜보아야 했다. 후대 조선에서 불천위를 모시기 위해

지파(支派)가 파행적으로 독립해 갔던 것도 이 불천위에 대한 집착 때문이었다. 그들에게 진정한 죽음은 위패가 사라지는 순간, 제사 대상에서 제외되는 순간이었기 때문이다.『주자가례』의 보급과 더불어 조선에서는 새로운 욕망이 소용돌이치면서 '공'과 '사'의 극명한 대립이 나타났던 것이다.

주자는 죽음을 묻는 제자와의 문답에서 영혼의 불멸을 부정했다. 아니, 영혼의 불멸을 인정하기는 했다. 그러나 그것은 본원의 기(氣)로의 복귀를 의미하는 것일 뿐, 내 기의 불멸을 주장한 것은 아니었다. 본원이란 '공(公)'의 세계이다. 그 '공'의 세계에 '나', 즉 '사(私)'가 어떻게 존재할 수 있겠는가? 주자에게는 4대를 지나 위패가 묻히면 그것으로 충분했다. 나는 '사'로서의 삶을 끝내고 '공'인 본원의 세계로 회귀하면 되는 것이다.

『주자가례』가 실패할 수밖에 없었던 것은 주자의 '공'을 받아들이지 못한 사람들이 '공'으로서의 『주자가례』를 실천하려 했기 때문이다. 그것은 처음부터 실현될 수 없는 일이었다.

# 3. 조선의 이상과 현실

　　조선은 개국과 더불어 『주자가례』의 시행을 널리 선포하고, 『주자가
례』의 보급에 박차를 가했다. 주자학을 국가이념으로 채택한 조선은
이념을 가시화할 수단을 모색했고, 그것이 『주자가례』의 강제적 시행
으로 이어진 것이다.

　　그러나 중국에서조차 시행되지 못한 『주자가례』가 단지 국가의 강
압적인 보급만으로 시행될 수는 없었을 것이다. '천하위일가'를 꿈꾼
주자에게 공명하며, '공(公)로서의 가'를 실제로 이 땅에 건설하고자 했
던 조선의 이름 없는 선비들, 그들이 없었다면 주자학적 조선은 생겨
나지 않았을 것이다.

## 1) 『주자가례』와 조선의 이상

주자 제자들은 각각 다양한 개성의 소유자였지만, 특히 주목해야

할 인물, 인물 집단은 과거 실패자, 또는 과거 거부자들이다. 과거 공부는 기껏해야 학문을 출세의 도구로 삼는 위인지학(爲人之學)의 전형이라 규정한 주자는 과거 공부야말로 인간의 인성을 파괴하는 가장 나쁜 공부라 공격했다. 주자 문하에 과거 공부를 포기하고 진정한 학문, 즉 내 본성을 회복하는 학문을 추구하는 사람들이 모여든 것은 자연스러운 일일 것이다. 바로 그들이야말로 중국의 변방, 복건성에서 시작한 주자학을 중국 전역으로 전파시킨 사람들이었다.

18세기, 영남 퇴계학파를 대표하는 권상일(權相一, 1679~1759)의 『청대일기(淸臺日記)』에는 과거 공부가 당시 젊은이에게 준 좌절과 절망이 잘 묘사되어 있다. 과거의 낙방이 곧 가문의 몰락과 직결되던 시대, 가문의 일원은 과거 급제자를 배출하기 위해 누구나 희생을 감수해야 했다. 오늘날의 입시와 마찬가지로 과거 공부에는 막대한 비용이 소모되었기 때문이다. 한 가문을 책임져야 하는 가장으로서 권상일이 시험에 낙방할 때마다 느꼈던 좌절감과 자괴감은 오늘날 입시생과 견줄 바가 아니었다.

주자 제자들이 그랬듯이, 조선에서도 뜻있는 젊은 선비들 가운데는 과거 공부에 대한 부담과 과거 실패가 가져다준 좌절감을 주자학이라는 새로운 학문을 통해 승화시키려는 사람들이 나타났다. 그들은 출세의 도구로 전락한 과거 공부를 포기하는 대신에 스스로의 본성을 회복하기 위한 수양에 힘썼으며, 그 수양을 바탕으로 자신의 가문을 다스리고 마을을 평화롭게 했다. 그들은 좋은 아버지, 좋은 스승, 좋은 어른이 되는 것에 만족했으며, 그것으로 평천하에 이바지하고자 했던 것이다.

18세기, 정권으로부터 소외된 수많은 선비들이 어려운 형편에도

『주자가례』를 시행하고, 마을마다 서당을 세워 『소학(小學)』을 가르치며, 『향약(鄕約)』을 실시하고 『향음주례(鄕飮酒禮)』를 거행하며, '가'와 '향'에 주자학적 이상을 구현하고자 했다. 그것 또한 그들 나름대로 시대적 제약을 극복하는 한 방법이었던 것이다. 17세기 대표적인 가훈서 『비풍문규(比豐門規)』에서 인용한 다음 구절은 당시 그들이 추구했던 이상의 한 단면을 보여 주는 것이라 할 수 있을 것이다.

지자지손(支子支孫)이 각각 조이(祖禰)의 제사를 행하고, 고조·증조의 제사에는 참여하지 않으니 다만 조상을 높이는 뜻에 어긋날 뿐 아니라 그 조이의 영혼도 편하지 않을 것이다. … 어버이에게 후하고 조종(祖宗)에게 박하니… 지금 사대부가 또한 이 병을 면하지 못한다.[2]

17세기를 전후로 동아시아에서는 가훈서가 대거 등장했다. 이 시기 '가'의 강화는 동아시아의 보편적인 현상이었던 것이다. 조선에서도 『주자가례』가 정착되어 갔고, 그와 비례하여 다양한 가훈서, 가범, 가규 등이 제작되었다. 그러나 이 가훈서는 과거제가 정착되는 송대 이후 급속한 가문의 몰락을 방지하기 위해 전산(田産), 조세 등 재산 운영 방식을 주로 다룬 명청대 가훈서나 영업부진, 영업확대의 실패, 상품 가격의 폭락 등으로 쇠가(衰家)의 위기에 내몰린 상가(商家)들이 자구책으로 마련한 일본의 가훈서와는 달리, 주자학적 이상과 그 이상을 구현하기 위한 방안들이 주를 이루었다.[3]

가훈서나 가범, 가규 등에 중요한 비중을 차지하는 것은 물론 제사에 관한 것이었다. 그러나 이 제사에서도 중요한 것은 단순히 제례를 행하는 구체적인 방법이나 절차가 아니라, 제사의 주관자, 제사에 참여하는 범위, 분담해야 할 비용, 그리고 제사 대상에 대한 논의가 더욱 강조되었다. 제사야말로 가족공동체의 범위와 운영, 공동체 구성원의 역할을 직접적으로 보여 주는 것이기 때문이었다.

　주자의 종법사상은 물론 일차적으로 일족의 화합과 번영을 위한 것이지만, 동시에 일족의 화합과 번영이 궁극적인 목적은 아니었다. 이미 언급했듯이, 거기에는 전쟁으로 피폐해진 민심을 어루만지고 그들에게 최소한의 경제적 부조를 제공하려는 보다 확대된 의도가 담겨 있었다. 가족이 더 큰 가족으로 확대되지 않으면, 실제로 경제적 부조를 제공받아야 할 사람의 범위는 축소될 수밖에 없다. 어버이보다 조종으로, 핏줄을 강조하면서도 더 먼 핏줄로 확대되어 가는 것, 그것이 주자가 바라는 것이었으며, 그 더 먼 핏줄에서 핏줄이 아닌 더 큰 가족으로 그 범위를 확대하여 가는 것이 주자의 꿈이었다. 그러나 그것은 결코 쉬운 일이 아니었다. 위의 글 『비풍문규』에서 저자 황종해(黃宗海, 1579~1642)는 좁은 '가'에 갇혀 있는 조선의 현실을 비판하며, 그 '가'를 더 큰 '가'로 확대하여 가고자 했다. 그리고 마침내 그것은 '향(鄕)'에 대한 관심으로 전환되어 갔다. 다음 글은 18세기 영남지역 주자학자 정규양(鄭葵陽, 1667~1732)의 글이다. 이때 영남은 서인과의 정쟁에서 완전히 패배하여 중앙정권으로부터 소외된 상태였다.

　　예의 큰 것은 관혼상제보다 절실한 것이 없지만, 회옹 선생이 이미 가례를 저술하여 시골의 보잘것없는 선비도 준용하고 있다. 또 왕조례에 있어서는 본래 위에 있는 사람의 일로 성조의 유신들이 크게 일어나 빼고 더하여 문물이 지극히 성대하다고 할 수 있을 것이다. 나처럼 향리의 평범한 선비는 배운 바가 헛되고 소략하며 도를 행할 책임도 없으니

마땅히 내 몸에 익히고 내 마을에 행해야 할 것은 이 두 예가 아니겠는가? **4**

실제로 정규양은 가난하여 제사를 지낼 여력도 없었다. 형제들이 번갈아 가며 제사를 지내는 윤제(輪祭)를 옹호했던 것도 이런 경제적 사정 때문이었다. 당시 영남 사대부는 사대부라는 허울만 있을 뿐, 그 삶은 일반 서민들과 다를 바 없었으며, 실제로는 더 나쁘기도 했다. 그러나 그들은 그렇다고 좌절하지는 않았다. 오히려 주자학에서 조선의 미래를 보았고, 마침내는 '가'를 넘어 '향'으로 그 이상의 범위를 확대해 갔던 것이다. **5**

훗날 이 정규양의 『의례통고』를 모범으로 하여 '가례'와 '향례'를 재정비했던 영남 남인학자 장복추(張福樞, 1815~1900)의 『사미헌전서』에는 다음과 같은 대화가 수록되어 있다.

물음: 자공은 성문의 고제이거늘 돈벌이를 하여 재산을 늘린 것은 어째서입니까?

대답: 그런 이야기가 있다. 그러나 성(誠)과 천도(天道)를 들은 후에는 아마 그렇게 하지 않았을 것이다.

동아시아 가족제도 연구에 큰 족적을 남긴 마키노 다쓰미는 중국 가족주의가 중국을 하나의 결합체가 아니라 모래더미로 만들어 버렸다는 종래의 견해에 동의했다. 말하자면 중국은 '가'라는 모래알이 쌓여서 만들어진 거대한 모래성 같은 국가라는 것이다. 그러나 다른 한편으로 그는 그것이 결코 국가와 배치되는 것도 아니었음을 강조했다.[6] 종법은 본래부터 작은 하나하나의 가족을 그 속에 포함하며 수직적으로 통합시키려 한 것이 아니라, 개별적으로 독립된 가족을 수평적으로 연결하여 국가라는 단위로까지 확대하려 했다는 것이다.[7] 어쩌면 마키노 다쓰미의 견해는 그대로 조선에 적용될 수 있을지도 모른다. 하지만 모래성보다 더 정확한 표현이 있다면 그것은 '그물망'이 아닐까? 적어도 주자의 '가'를 통해 조선의 미래를 꿈꾸었던 사람들은 작은 그물코가 서로 연결되어 큰 그물을 만들 듯이, 무수한 '가'가 그물망처럼 연결되어 '향'과 '국', 더 나아가 '천하'를 이룬다고 생각했다. 그랬기 때문에 영남 주자학자 사미헌처럼 가난을 감내하며 낙도하는 삶에 스스로 만족할 수 있었던 것이다. 낙도하는 한 개인의 삶의 모습이 곧 국가의 모습이기도 했던 것이다.

결혼을 공개적으로 거부하는 비혼자들, 결혼 생활에서 졸업하고 싶다는 졸혼자들, 결혼제도 자체에 회의를 느끼는 사람이 급증하고 있다. 그에 발맞추어 아이슬란드, 프랑스 비롯하여 EU의 많은 나라에서는 결혼하지 않은 상태로 태어난 아이들이 이미 50%를 넘어섰다. 이제 더 이상 주자가, 또는 조선 주자학자들이 꿈꾸던 '가'가 이상이 될 수는 없다. 이제 주자의 '가'는 개인의 고립을 막고 그들을 보호하는 장치가 아니라 오히려 개인을 억압하고 그들의 행복을 가로막는 방해물로 인식될 뿐이다.

하지만 가족의 해체는 개인을 고립시킨다. '가'라는 모래알이 쌓아올린 모래성조차 이미 무너지기 시작했다. 이제 고립된 개인은 무엇을 해야 할까? 최근의 베스트셀러 작가 유발 하라리나 제레미 리프킨 등은 노동 없는 미래 사회를 말하고 있다. 고립된 개인과 노동 없는 미래, 그리고 모두가 우려하는 0.0000001%가 지배하는 세상…. 그것이

어쩌면 '현대'의 마지막 모습일지도 모른다. 우리는 이 '현대'를 어떻게 극복해야 할까? 아니, 극복하는 것이 가능할까?

고립된 개인의 표상이 되고 있는 '언택트족'은 그럼에도 스스로의 고립을 부정했다. 그들은 가상공간 속에서 자신들의 연대를 말하며, 극단적인 상황에 내몰리면 도움을 받을 수 있을 것이라 낙관했다. 어쩌면 거기에 길이 있는 것은 아닐까? 어쩌면 주자가 꿈꾸었던 종과 종으로 이어지는 초연결 사회, 그것이 인터넷이라는 매체를 통해 실현될 수는 없을까?


## 2) 이상의 좌절과 '가'의 굴절

『가례의절』의 저자이기도 한 구준은 수도 북경에 상경한 첫 인상을 『주자가례』가 실시되지 않는 것에 대한 놀라움으로 대체했다. 변방 출신이었던 그는 늘 자신의 마을에 『주자가례』가 시행되지 않는 것을 안타까워했으며, 적어도 수도에는 집집마다 가례가 정연하게 시행되고 있을 것이라 상상했던 것이다.

『주자가례』는 왜 중국에서 실시되지 못했을까? 첫째는 사사키 메구미(佐 木惠)의 주장처럼, 『주자가례』가 가족의 결합이 아니라 오히려 이산(離散)을 촉진했기 때문이었다.[8] 주자는 4대조를 정점으로 하는 가족공동체를 구상하면서도, 그 4대조의 위패를 불천위가 아니라 천위로 규정했다. 그에게 중요했던 것은 4대조가 아니라 더 먼 조종(祖宗)이었으며, 더 거슬러 올라가면 천자였고, 천(天)이었다. 그러나 일신의 안위와 가족의 번영을 목표로 삼았던 대부분의 사람들에게 그것은 너무나 먼, 그보다는 이해하기 힘든 목표였던 것이다. 구준은 그 대안으로 제사 대상을 3대조로 제한하는 대신, 불천위의 범위를 확대함으로써 『주자가례』를 현실화하고자 했다. 실제로 이익(李瀷, 1681~1763) 등을 비롯한 조선 후기 실학자들은 구준의 예사상을 대거 수용했다. 가족의 단합이 그들에게는 더 현실적인 문제였던 것이다.

둘째는 묘전과 제전의 확보였다. 재산의 20%를 각출하여 묘전과 제전을 만들고 이를 기반으로 가족 공동재산을 증식시키기 위해서는 먼저 개인 재산의 양도와 포기가 선행되어야 했다. 어쩌면 그것이 『주자가례』가 실시될 수 없었던 가장 큰 이유였는지도 모른다. 실제로 묘전과 제전은 중국에서는 받아들여지지 않았다.

셋째는 장자상속이었다. 한대 이후 중국에는 부모와 자식 사이에도 이거(異居)가 일반석이었고, 한울타리 안에 거수해도 형제들은 재산을 구분했다. 이거이재(異居異財)와 균분상속이 보편적이었던 당시 사회에서 장자상속은 받아들이기 힘든 이질적인 문화였던 것이다. 그러나 장자상속을 부정하는 한, 장자의 지위는 확보할 수 없으며, 장자의 지위를 확보하지 못하면 장자라는 그물망을 통해 형성되는 '천하위일가'의 이상은 실현될 수 없다. 『주자가례』가 시행될 수 없었던 또 하나의 이유였다.

조선에서도 『주자가례』의 종법사상이 처음부터 이해되었던 것은 아니다. 중국이 그랬듯이, 조선에서도 『주자가례』의 시행은 흩어진 가족의 단합으로부터 출발했다. 다음 글은 조선 중기 문신인 김응조(金應祖, 1587~1667)의 것으로 『주자가례』 시행 초기의 상황을 잘 보여 준다.

우리 형제는 열둘이었지만 골육이 마치 별이 흩어지듯 서로 흩어져 몇 달, 몇 년이 지나도 만나지 않으며 심지어 슬픈 일이나 기쁜 일에도 서로 만나지 않으니 이것은 우리 동기의 궁천의 한이다.[9]

김응조의 말을 빌리지 않더라도 임진왜란을 전후로 조선의 '가'는 급격히 해체되었으며, 개인은 고립되어 갔다. 이때 『주자가례』가 급속히 보급된 것은 이러한 시대적 배경과 무관하지 않았던 것이다.

그러나 반드시 『주자가례』여야 할 필요는 없었다. 구준이 그러했듯이, 균분상속을 기반으로 한 대가족제도로도 가족의 단합은 가능했다. 실제로 『주자가례』의 보급은 '장자가 죽으면 차자로 장자를 대신하던(長亡弟及)' 조선 전기의 보편적인 상속제와 정면으로 배치되는 것이었으며, 종자권과 더불어 종부권(宗婦權)을 인정하던 고유의 풍속과도 어긋나는 것이었다. 장자상속제의 확립, 종부권의 박탈, 외손봉사의 금지 등, 『주자가례』의 시행이 가져올 사회적 파장은 결코 작은 것이 아니었다. 이 시기, 가규(家規)나 가계(家戒) 등이 대거 정립되고, 장자상속을 유훈(遺訓)으로 정하여 법적 효력을 갖게 하는 일련의 장치가 마련되기도 했던 것은 『주자가례』가 당시 사회에서 얼마나 이질적인 것이며, 또 그만큼 큰 반발에 직면했는지를 짐작하게 한다.

단지 그것만이 문제는 아니었다. 종자권의 확보는 또 다른 문제를 야기했다. 흔히 말하는 여성 차별은 그저 부수적인 현상에 불과했다. 종자권을 확보하기 위해서는 여성만을 배제한 것이 아니라 가족 구성원 모두에게 희생을 강요했기 때문이다.

조선 후기에는 '고을 수령이 되기보다 종자가 낫다'는 자조적인 말이 유행했다. 가족공동체를 지키기 위해서는 종자를 보호해야 했고, 공동체 전제의 보호를 받은 종자는 특권의식에 사로잡혀 일가의 운명을 도외시한 채 일탈을 일삼기도 했다. 이 시기, 재산을 독점한 형이 착한 동생을 쫓아내는 소설『흥부전』이 베스트셀러가 되었던 것은 그만큼 종자의 횡포가 심했다는 반증일 것이다. 가족의 희생 위에서 일탈을 일삼는 종자, 그리고 가문을 위해 일탈하는 종자를 맹목적으로 보호하는 가족 구성원, 그들에게서 제사를 중심으로 단합한 일족이 일족을 넘어 '평천하'로 나아가기를 바라는 것은 비현실적인 관념론에 불과할 것이다.

사사키 메구미가『주자가례』는 실제로 '가'를 강화한 것이 아니라 이산을 촉진했다고 한 것은 결코 터무니없는 주장은 아니었다. 사사키의 지적처럼『주자가례』는 현실적인 '가'의 재건은커녕, 현실을 무시한 채 '종법'의 이상에 매몰되어 버린 일종의 원리주의에 불과했을지도 모른다. 그러나 그렇다 하더라도 사사키가 간과한 것이 있다. 주자의 목적은 원래부터 단순한 '가'의 강화가 아니었다. 그의 목적은 '가'가 아니라 '평천하'에 있었던 것이다. 역으로 그것이 주자가 '가'에 착목한 이유였다.

# 4. 새로운 시대의 '가'

　『주자가례』가 한 시대를 지배하고 난 후, 남은 것은 한국 사회의 고질병이 된 가족이기주의와 가족 내 권위주의, 그리고 그것이 만들어 낸 갈등이다. 그 어디에도 『주자가례』를 통해 이루고자 했던 주자나 조선 주자학자들의 이상은 찾아볼 수 없다. 한국 사회는『주자가례』를 통해 오히려 주자가 추구했던 이상과 정반대 방향을 향해 나아가고 있었던 것이다. 고립된 개인과 욕망, 거기에는 '사'만 있을 뿐 '공'이 없다. 그러나 어쩌면 또 그렇기 때문에 우리는 주자의 이상을 한 번쯤 되돌아보아야 하는 것인지도 모른다. 『주자가례』로부터 파생된 모든 갈등과 부조리는 『주자가례』의 본래 뜻을 살펴보지 않는 한 해결할 수 없기 때문이다.

　'작은 행복', 20년의 불황 끝에 등장한 일본의 새로운 세대는 아르바이트로 그날그날을 연명하면서도 스스로를 행복하다고 말한다. 그것은 '격차사회', '비정규직 고용의 증가', '세대 간 격차의 심화' 등 비관적인 이야기가 일상이 된 일본의 현재와는 분명히 이질적인 것이다.

사람들은 그래서 이 새로운 세대를 '사토리(달관)' 세대라 부르기도 한다. 그렇다면 이 비극적인 일상 속에서 젊은이들이 오히려 행복하다고 말하는 이유는 무엇일까?

사토리 세대를 분석한 『절망의 나라의 행복한 젊은이들』이라는 책에서 후루이치 노리토시(古市憲壽)는 "인간은 '자신이 이보다 더 행복해질 수 없을 것'이라는 생각이 들 때, '지금 이 순간이 가장 행복하다'고 말할 수밖에 없다"라고 한 오사와 마사치(大澤眞幸)의 말을 인용하며, 현재 일본 젊은이들이 느끼는 '작은 행복'은 미래에 대한 절망에서 비롯된 것이라고 했다.

명품에도 흥미가 없고, 해외여행도 귀찮아하며, 유니클로나 자라에서 옷을 사 입고, 이케아 가구를 구입하면서 그들이 느끼는 소소한 행복…. 그들은 제대로 된 직장을 가지고, 결혼을 해서 가족을 만들어야 한다는 사회적 통념에서 벗어나 최소한의 수입으로 자신이 좋아하는 일을 하며 살아가는 삶의 소중함을 말한다.

반복되는 불합격 통보, 설령 취직이 된다고 해도 여전히 자신을 기다리고 있는 살인적인 노동, 3포 세대라 불리는 한국의 젊은이들 사이에서도 '소확행', 작지만 확실한 행복을 추구하려는 움직임이 일고 있다. 이들 역시 결혼도, 출산도, 취업도 포기한 채, 아르바이트로 생계를 유지하면서 자신의 취미생활에 몰두하며 현재를 즐기려 한다. 일본 기득권이 젊은이들의 '작은 행복'을 우려하는 것과는 달리 우리나라 기득권은 아직은 '소확행'을 반기고 있다. '헬조선', '수저계급론' 등, 젊은이들의 사회에 대한 비판적 시각이 주류를 형성하면서 강한 위기의식을 느꼈던 기득권 세력은 '소확행'이 당분간은 기존의 사회체제를 유지해 줄 것이라 기대하기 때문일지도 모른다.

유행처럼 번지는 절망과 포기, 그리고 행복. 물론 일본은 심각한 취업난에 시달리는 우리나라와 달리 경제 호황과 인구 절벽이 맞물려 구직난을 앓고 있으며, 일상으로부터 일탈하여 소소한 행복을 즐기는 이 젊은이들이 일상으로 복귀할 가능성은 열려 있다. 그러나 그렇다고 하여도 이 '일상으로의 복귀'가 지속적으로 이루어질 것 같지는 않다. 앞으로 다가올 인공지능 시대는 무한정의 잉여인간을 양산해 낼 것으로 보이기 때문이다.

생산성이 무한정으로 향상되는 시대, 리프킨이 '한계비용 제로 사회'라 명했던 이 새로운 사회는 더 이상 인간의 노동을 요구하지 않으면서, 인류가 필요로 하는 재화를 제공할 수 있을 것이라고 한다. 문제는 이 무한정의 재화를 인류가 공유하면서 인류가 역사상 유례 없는 풍요의 시대를 경험할 것인지, 아니면 0.000001%가 모든 것을 독점하고 나머지 다수가 빈곤에 시달리는 초양극화 사회에 살게 될지, 우리는 그 갈림길에 서 있다는 것이다. 다수의 사람들은 리프킨의 공유사회를 지나치게 낙관적이라고 비판하며, 초양극화 시대가 될 것이라 예측한다.

실제로 최근 베스트셀러가 된 『인에비터블 미래의 정체』의 저자 케빈 켈리 또한 기술의 혁신적 발달이 가져올 엄청난 사회적 파장, 예컨대 사회의 불균등한 번영, 질시와 불평등의 확산, 우리를 보호해 줄 질서체제의 붕괴 등 암울한 미래를 말하고 있다. 클라우스 슈밥의 주장처럼, 노동시장이 소수의 전문적 기술이라는 제한된 범위에 한정되고, 부(富)가 혁신이 만들어 낸 생태계에 완벽하게 적응한 소수의 '스타'들에게 집중된다면 다수는 소수의 승자를 위한 패자로 잔존할 수밖에 없다. 만약 그렇게 된다면 인류에게 남은 것은 자멸뿐이다. 거기에 다른 가능성은 없는 것일까? 기술혁신에 완벽하게 적응하여 기술 혁신을 주도할 소수의 승자가 아니라도 패자가 되지 않을 수 있는 방법은 없는 것일까? 아니, 그전에 승자와 패자가 아닌 모두가 행복한 세상은 존재할 수 없는 것일까?

『절망의 나라의 행복한 젊은이들』에 등장하는 많은 젊은이들은 인터넷 공간에서의 연대를 말했다. 사람들이 이 연대에 동조하지 못하는 것은 그 연대가 폐쇄적이기 때문이다. 폐쇄적인 연대는 새로운 고립에 불과하다. 사회에 무관심하고, 사람을 꺼려 하며, 그들만의 세계에서 그들만의 연대를 형성하는 것은 먼 옛날 작은 '가에 매몰되어 집단이기주의로 전락했던 조선의 '가와 다를 바가 없다.

아르바이트로 연명하면서 스스로를 '행복하다'고 말하는 일본의 사토리 세대, 연애와 결혼, 출산, 취업마저 포기한 한국의 젊은이들이 말하는 '소확행', 그것이 기성세대들이 말하는 단순한 절망이나 현실도피가 아니라면, 그 '작은 행복'이 인류 전체를 향해 열려 있어야 한다. 조선의 가난한 선비들, 과거 시험에 낙방한 자들, 그보다 더 과거 공부를 할 여력조차 없었던 자들이 스스로 좌절하거나 도피하지 않고, 가난을 감내하면서도 그 집안을 다스리고 마을을 지키며 평천하의 꿈을 꾸었듯이, 이 새로운 세대들이 '평천하'를 꿈꿀 수 있다면, 그것이야말로 새로운 시대를 열 힘이 되지 않을까?

사람을 행복하게 하는 것은 결국 사람이다. 극단적인 개인화가 1인 가족이라는 새로운 형태의 가족을 등장하게 했다. 어떤 사람은 이 1인 가족이 혈연에 바탕을 둔 전통적인 가족의 종언이라 생각할지도 모른다. 그러나 우리 모두 부모를 가지고 있듯이 '가족'이 없는 사람은 없다. 혈연에 바탕을 둔 가족이 종언을 고하는 것이 아니라 그 전통적인 가족이 외연을 확대하여 더 큰 가족으로 나아가는 것, 그리고 마침내는 인터넷이라는 매체를 통해 인류 전체가 하나의 가족이 되는 것, 오히려 그것을 새로운 시대의 가족이라 부를 수는 없을까?

자본주의의 최극성기에 '공유' 개념이 유행하고 있다. 집, 자동차, 오피스를 공유하는 것은 물론이고, 이제는 옷, 부엌, 재능도 공유하는 시대가 되었다. 더 이상은 '소유'할 필요 없이 함께 나눠 쓰면 된다고 하는 공유경제가 미래 경제가 나아갈 착한 경제, 대안경제로 부상하고 있다. '진구네 식탁' 대표 이진구 씨는 1인 가구로서의 삶 중 가장 어려웠던 것이 식생활이었다고 말하며, 그 해결 방안을 찾기 위해 공유 부엌 서비스를 만들었다고 한다. 여기서는 단순히 음식이나 식재료만을 공유하는 것이 아니라 함께 밥을 먹으면서 나누는 대화, 감정을 공유하고 있으며, 오히려 후자에 더 큰 의미를 두고 있다고 했다. 『예기』는 '한솥밥을 먹는 사람'을 가족의 범위 속에 포함시켰다. 그런 의미에서 '진구네 식탁'의 참여자들은 이미 하나의 가족일지도 모르겠다.

노원구에서 개발한 지역화폐 '노원'이 서비스 5개월 만에 회원 수가 4배에 이르는 열풍을 일으키고 있다. 개인이나 단체가 노원구에서 자원봉사를 하거나 기부, 자원순환 등으로 사회적 가치를 창출할 경우 발행되는 이 화폐는 휴대전화의 앱에 적립되고 회원들은 이 화폐를 이용하여 물품을 구매하거나 서비스를 이용할 수 있다.[10] 전통사회에서는 마을에서 선행을 베푸는 사람을 훌륭한 인격자로 '존경'했으며, 마을의 '존경'은 돈으로 환산할 수 없는 가치를 지녔다. 이제 이 새로운 사회에서는 봉사와 기부, 즉 선행이 돈으로 환산되며, 단순한 존경이 아니라 물질적 보상을 제공받게 된 것이다.

프랑스 낭트시에 사는 람다니 씨 부부는 세 딸과 함께 3D 프린터로 지은 집으로 이사를 했다. 3D 프린터로 지은 집은 이미 여러 나라에서 시도되었지만 실제로 사람이 거주하는 최초의 집이라는 점에서 람다니 씨 부부의 집은 세계인의 주목을 끌었다. 이틀 만에 완성된 이 집은 건축 기간의 단축뿐 아니라 건축비용을 20% 절감시켰다는 점에서 미래 건축양식으로 이해되고 있으며, 10년 후에는 건축비용을 40% 절감할 것이라 기대하고 있다.[11] 네덜란드는 내년부터 3D 프린터로 임대주택단지 건설을 시작할 예정이며, 국내에서도 2020년에 99$m^2$ (약 30평) 규모의 주택을 짓기 위해 연구 중이라고 하니 우리의 주거환경이 획기적으로 변화될 것이라는 것은 자명하다. 이 새로운 주택은 부동산 투기를 자산증식의 유일한 수단으로 인식하던 기득권에게 타격을 안겨 줄 것이며, 주거에 대한 우리의 관념 또한 획기적으로 전환시킬 것이다.

분명히 『주자가례』는 조선 사회에 정착되었다. 그러나 과연 그것을 제대로 된 '시행'이라 할 수 있을까? '공'의 정신을 갖지 못한 사람들이 가문의 이익을 위해 받아들인 『주자가례』가 '공'적 천하 대신의 사익을 위한 수단으로 전락될 수밖에 없었던 것은 너무나 당연한 결과였다. 그들은 왜 '공'의 『주자가례』를 '사욕'을 위한 것으로 전락시켰는가? 그 이유는 인간의 '욕망'을 도외시했다는 보다 근원적인 것에서 찾아야 할지도 모른다. 그러나 다른 한편으로 가문의 몰락이 곧 나의 몰락이라는 척박한 사회 환경, 그 누구도 해결할 수 없었던 절대적 빈곤, 물질의 절대적 부족이 인간의 욕망을 부추긴 것은 아닐까?

물질이 차고 넘치는 시대, 굳이 소유하지 않아도 되는 시대, 오히려 소유가 번거롭고 방해가 되는 시대, 이틀 만에 집이 완성되고 그 비용이 날로 절감되는 이 기술혁신의 시대에 지금이야말로 우리는 한 번쯤 '공'의 회복을 생각해 보아야 하지 않을까? 아니, '슈퍼스타'들이 차고 넘치는 부를 독점하고 절대다수가 빈곤에 시달릴지도 모르는 미래를 눈앞에 두고, 그 미래에 절망하는 사람들이 고립에서 벗어나 '공'을 위한 연대를 추구하는 것은 어쩌면 미래를 위한 당연한 수순인지도 모른다.

공유경제가 미래 경제의 대안으로 떠오르는 지금, 그렇다고 하여 공유경제가 순조롭게 확대되고 있는 것은 아니다. '진구네 식탁'이 하나의 대안으로 부상하는 다른 한편에서 자동차 공유나 패션 공유는 이미 한계를 드러내며 축소 일로에 있다. '자기 소유'의 차가 아니고, '자기 소유'의 옷이 아니라는 이유로 사람들은 차와 옷을 함부로 사용하는가 하면 자신이 좋아하는 옷이나 차종을 독점하고자 한다.[12] 문제는 '공(公)'의 정신을 갖지 못한 사람들이 편의에 따라 물건을 '공유(共有)'하려고 하는 데 있다. 그런 의미에서 진정한 공유는 '공유(共有)'가 아니라 '공유(公有)'가 되어야 하는 것은 아닐까?

기술혁신이 가져온 노동 없는 사회가 절대 다수의 패자를 만들어내는 초양극화 사회가 되지 않기 위해서는 무엇보다 먼저 고립이 아니라 연대가 필요하며, 그 연대는 개인의 이기적 욕구를 충족시키는 것이 아니라 패자가 없는 사회, 모두가 행복한 사회를 지향해야 한다. 그 행복한 사회는 아마도 '공'의 정신이 없이는 불가능할 것이다.

'소확행'을 추구하는 새로운 세대들, 물질적 풍요 위에서 자신을 절제할 수 있는 사람들, 가상공간의 누군가와 자신이 연결되어 있으며, 누군가가 반드시 자신을 도와줄 것이라 믿는 사람들, 그런 사람들이 폐쇄된 공간에 닫혀 있지 않고, 열린 세상을 향해 나아가고자 할 때

거기에 희망이 있는 것이 아닐까? 조선의 좌절한 선비들이 '천하위일가'의 기치에서 자신에게 주어진 '명(命)'을 발견했듯이.

주자는 '천하'가 '가'가 되고, 그 '가'가 '공(公)'이 되는 세상을 꿈꾸었다. 그러나 그 꿈은 조선이 아니라 물질의 절대적 빈곤이 해소된 이 기술혁신의 시대, 가상공간이 현실적인 공간을 넘어 서로를 연결해주는 이 초연결 사회에서 비로소 실현될 수 있는 것은 아닐까?

1) 이승연(2003), 「종법과 공사론」, 동양사회사상 7집.

2) 『후천집』 권6, 「비풍문규」.

3) 이승연(2011), 「조선중기 주자학자 황종해의 '가'에 대한 인식」, 『한국학논집』 44집.

4) 『의례통고』 별집, 권3.

5) 이승연(2006), 「18세기 전후 주자학의 지역적 전개에 관한 일고찰」, 『동양사회사상』 18집.

6) 牧野巽(1985), 『中國社會史の諸問題』, 御茶の水書房. 165~166쪽.

7) 牧野巽(1985), 『中國家族研究(上)』, 御茶の水書房. 108~112쪽.

8) 佐々木惠(2009), 「明代における朱子學的宗法復活の挫折」, 社會文化論集 5. 11) 『鶴沙集』 권6, 24.

9) 『鶴沙集』 권6, 24.

10) 『디지털 타임스』(2018년 7월 16일), 「지갑, 이제 휴지통에 버리세요」.

11) 『조선비즈』(2018년 7월 12일).

12) 『한겨레』(2018년 7월 15일), 「뉴스 분석 왜」.

# 3

## 불교 수행공동체는
## 탈현대 가족의 모델이
## 될 수 있을까?

정재걸

# 1. 인공지능 시대의 가족

가족이란 무엇인가? 가족은 부부를 중심으로 친족 관계에 있는 사람들의 집단 혹은 그 구성원을 말한다. 즉 혼인, 혈연, 입양을 중심으로 한 혈연공동체를 뜻한다. 인류는 태초부터 공동체의 최소 단위로 가족을 구성하여 살아왔다. 그러나 최근에 이러한 혈연공동체로서의 가족은 점차 변화하고 있다.

2015년 11월 통계청의 '2015 인구주택총조사' 결과에 따르면 우리나라 1인 가구의 수는 520만으로 전체 1,900만 가구 중 27.2%를 차지했다. 1,2인 가구를 합치면 전체의 50%를 넘는다. 통계청에 따르면 1인 가구는 2025년 31.3%(685만 2,000가구), 2035년에는 34.3%(762만 8,000가구)로 증가할 것으로 전망된다. 1인 가구를 가족의 형태에 포함시킬 수 있을까? 그래도 가족이라고 하면 2인 이상의 집단을 의미하기 때문에 1인 가구는 가족이라고 말하기 어려울 것이다. 1인 가구가 증가한다는 것은 현대 가족의 해체를 의미하는 것으로 보아야 할 것이다. 1인 가구를 제외하더라도 오늘날 가족의 형태는 맞벌이 부부

가족인 딩크족, 편부·편모 가족, 조손 가족, 동성커플 가족, 공동체 가족 등으로 다양하게 분화되고 있다. 이 중 눈에 띄는 현상은 바로 공동체 가족 혹은 사회적 가족이다.

공동체 가족의 등장이 의미하는 것은 가족이 더 이상 혈연과 혼인에 얽매이지 않는다는 것이다. 비록 혈연관계가 없더라도 취미와 형편을 공유하는 이들이 한 울타리에 모여 새로운 공동체 가족 혹은 사회적 가족이 만들어지고 있다. 서울 마포구 성산동에는 '소통이 있어 행복한 주택'이란 뜻의 소행주가 있다. 소행주는 2011년 3월 1호 9가구가 입주한 이래 지금까지 성미산 일대 4호를 비롯해 10호까지 세워졌다. 소행주는 한 건물에 살지만 각자 독립된 주거공간이 있고, 공동 부엌과 커뮤니티 룸 등 일부분만 함께 쓰는 '코하우징'(공유주택)이다(조헌. 2018). 소행주 사람들은 아빠들끼리 2박 3일 동안 여행을 다녀오기도 하고, 추석과 설 지난 후엔 엄마들끼리만 가는 엄마여행도 있다. 그리고 여름휴가철엔 모든 소행주 가족들이 다 함께 여행을 가기도 한다.

우리나라에서 최초로 문을 연 소셜 하우징 회사, '셰어하우스 우주(WOOZOO)'는 오래된 집이나 너무 큰 집, 비어 있는 집을 빌려 리모델링 혹은 홈 스타일링을 하여 다시 청년들에게 합리적인 가격으로 빌려주는 사회적 기업이다. 단순히 집을 같이 사용하는 기존의 셰어하우스와는 달리 셰어하우스 우주는 구성원들이 가정 구성원의 역할을 분담함으로써 새로운 사회적 가족을 만드는 역할을 하고 있다. 셰어하우스 우주 홍대점 14호에는 7명의 청춘남녀가 어우러져 살고 있는데, 입주 전 선택에 따라 1인실 혹은 2인실을 사용하고, 주방과 거실은 공용으로 사용하면서 새로운 가족을 만들어 가고 있다.

향후 인공지능 시대의 가족은 이와 같은 사회적 가족의 형태가 주류가 될 것이다. 또한 인공지능의 발달은 가족이 현재 갖고 있는 경제적 기능을 해체하게 될 것이므로 새로 만들어지는 사회적 가족은 경제적 역할의 분담이 아닌 다른 목적을 갖게 될 것이다. 그 다른 목적 중에 유력하게 거론되는 것이 수행 중심의 공동체 가족이다.

인공지능 시대의 가족이 수행공동체가 될 것이라는 주장의 근거는 크게 두 가지이다. 하나는 가족이 갖는 경제적 기능의 소멸이다. 동서양을 막론하고 전근대 가족은 주로 농업에 종사했으므로 대가족이 가족의 중심 형태였다. 전근대의 농업은 집약적 노동을 요구했기에 많은 가족이 함께 일하는 것이 보다 효율적이었다. 대가족뿐만 아니라 마을 단위의 협업이 필요했기에 마을공동체의 형성도 매우 중요했다.

그러나 마르크스가 '이중으로 자유로운 노동자의 형성'을 기점으로 내세운 자본주의의 대두와 함께 이런 대가족 중심의 가족 형태는 핵가족으로 바뀌었다. 인클로저 운동으로 아무런 생산수단도 없이 농지에서 쫓겨난 이들 중 자유로운 노동자들은 몸뚱이 하나만 가지고 대도시로 몰려들어 산업예비군이 될 수밖에 없었다. 적은 임금으로 대가족의 생활을 영위하는 것이 불가능했으므로 자연히 부모와 자녀 중심의 핵가족이 자본주의의 가장 기본적인 가족 형태가 되었던 것이다.

그렇다면 인공지능 시대에는 어떤 가족 형태가 중심이 될까? 인공지능 로봇이 생산을 대신하게 되면 로봇을 소유한 소수의 사람들을 제외하고는 대부분의 사람들은 기본소득에 의지해 살아가게 될 것이다. 그렇게 되면 지금처럼 임금소득자를 만드는 가족의 역할은 사라질 것이다. 즉 보다 높은 노동력의 가치를 위해 자식들을 먹이고 가르치고 학교에 보내는 등의 모든 노력이 무의미하게 된다는 뜻이다.

　로봇세를 걷어 모든 사람들에게 분배하는 기본소득은 아마 의식주에 필요한 최소한의 금액에 그치게 될 것이다. 또한 인공지능 시대에는 대부분의 가정이 태양에너지 등의 대체에너지를 활용하여 에너지 자급을 이루고, 또 3D 혹은 4D 프린터를 통해 필요한 물건을 만들어 사용할 것이므로 많은 액수의 기본소득이 필요하지도 않게 될 것이다. 그렇다면 이런 상황에서 가족은 무엇을 할 것인가? 아니 가족이라는 것이 계속 존속할 수 있을까?

　인공지능 시대의 가족은 전근대나 현대와 같은 혈연 중심의 가족 형태는 아닐 것이다. 앞에서도 언급했듯이 같은 취미나 관심을 공유하는 사람들이 함께 모여 사는 사회적 가족이 중심이 될 것이다. 좀 더 먼 미래에는 『멋진 신세계』 등의 공상과학소설과 같이 남녀의 성교를 통해 자식을 잉태하는 것이 아니라 기계를 통해 아이를 만들어 내게 될 것이다. 그렇다고 하더라도 아이를 만들어 내려는 사람들이 있다면 아이들을 필요로 하는 그 사람들과 아이들을 중심으로 여전히 가족을 형성할 것이다.

　그렇다면 이런 형태의 가족의 삶은 무엇일까? 우리는 이런 미래의 가족이 수행공동체가 될 것이라고 주장한다. 노동이 없는 삶에서 우리는 무엇을 위해 살아야 할까? 그것을 알고 싶으면 전근대에 유한계급들이 어떻게 살았는지 살펴보면 된다. 그들은 바로 수행을 삶의 중심에 놓고 살았다. 물론 대부분의 유한계급은 수행이 아니라 음식남녀와 같은 본능을 충족시키는 것을 목표로 삶을 영위했다. 하지만 동서양을 막론하고 유한계급들은 대부분의 여가 시간을 깨달음을 얻기 위한 수행으로 활용했다.

전근대 사회의 유한계급은 수행을 통한 깨달음을 노동계급에 제공하고 노동계급은 그들이 성취한 깨달음을 얻는 대가로 유한계급을 먹여 살리는 수행과 노동의 교환으로 불평등을 정당화했다. 부처는 승가공동체가 형성되면서 승가공동체와 재가 신자들이 법시(法施)와 재시(財施)를 교환하는 이상사회를 만들고자 했다. 같은 맥락에서 『맹자』는 사지(食志)노동과 사공(食功)노동을 구별해 유학의 이상을 위해 노력하는 노심자(勞心者)를 재화와 용역을 생산함으로써 먹고사는 노력자(勞力者)들이 먹여 살려야 한다고 주장했다.[1]

유교문화권 가운데 가장 철저하게 그 이념을 실천하고자 했던 조선 사회는 맹자의 사지노동을 과거제도를 통해 구체적으로 실현하고자 했다. 조선을 건국한 사대부들은 과거시험을 통해 뽑고자 하는 인물을 첫 번째로 '경전에 밝고 행실을 닦아 도덕을 겸비하여 다른 사람의 스승이 될 만한 자[經明行修 道德兼備 可爲師範者]'로 정했다. 이와 같은 교육적 인간상은 '문장을 통해 나라를 빛내는 선비[文章華國之士]'라는 고려시대 과거제도의 목표와 확연히 구분되는 것이었다. 일본의 어느 학자가 주장했듯이[2] 조선 철학은 중국 철학보다 독창성은 압도적으로 적지만 그 철저성은 바늘구멍처럼 세밀한 이론을 통해 강대한 폭탄이 되어 권력 중추를 위협했던 것이다.[3]

## 2. 수행공동체로서의 가족의 형성 과정

　수행공동체로서의 탈현대 가족은 저절로 만들어지지 않는다. 수행
공동체 가족이 되기 위해서는 융이 말하는 자기실현 혹은 개성화가 이
루어져야 한다. 수행공동체로서의 가족이 형성되는 과정은 크게 3단계
를 거친다. 첫 번째 단계는 주술과 환상의 공동체 가족이다. 이는 전근
대 사회의 대가족의 특징과 같다. 주술과 환상의 공동체 가족의 핵심
적인 관계는 부모-자식의 관계이다. 이런 공동체 가족 속에서 아이들은
세 가지 방식으로 경험을 해석한다.[4]

　1) 촉각과 감정의 유대감 또는 부족함을 삶 자체에 대한 것으로 현상
학적으로 해석한다. 예측 가능하고 내게 좋은가, 아니면 불확실하고 아
프고 불안정한가? 이런 근원적 인식으로 아이는 신뢰 능력을 형성한다.
　2) 부모의 특정 행동을 자신을 향한 것으로 생각하고 마음속에 간직
한다. 부모의 우울함이나 분노, 불안을 사실상 자신 때문에 일어나는 것
으로 해석한다. '엄마 아빠가 나를 보거나 대하는 모습이 진정한 나'라
고 결론짓는 것이다.

3) 삶과 씨름하는 부모의 행동을 관찰하면서 아이는 행동 그 자체뿐 아니라 그 안에 감춰진 개인과 세계에 대한 태도까지 내면화한다. 그로부터 아이는 세상을 어떻게 대해야 하는가에 대해 중요한 결론을 도출한다.

주술과 환상의 공동체 가족 속에서는 누군가의 배우자, 부모, 가장과 같은 제도화된 역할이 자신의 정체성을 결정한다. 아이들은 부모의 실재 세계에 의존하여 살아간다. 육체적 의존도 물론 크지만 아이가 자신을 가족과 동일시하기에 정신적 의존이 더욱 크다. 이런 의존 속에서 부모 콤플렉스와 집단 콤플렉스가 자아를 형성하고 성인이 되기 위해 사회가 제시한 역할에 투사하는 힘으로 그 자아를 지탱한다.

두 번째 단계는 융의 제1차 성인기에 해당되는 페르소나와 투사의 공동체 가족이다. 이 공동체 가족의 핵심적인 관계는 자아-세계이다. 물론 두 번째 단계의 가족은 현대 사회의 핵가족의 특징과 일치한다. 현대 가족의 가장 중요한 특징은 사회를 통합하던 거대 이데올로기가 그 힘을 상실하면서 개별 가족이 고립된 섬처럼 존재한다는 것이다. 매슈 아널드가 150년 전에 지적한 대로 현대 가족은 "두 가지 세계 사이에서, 즉 죽은 세계와 태어나면서부터 무력한 세계 사이에서" 방황하고 있다.[5] 미르체아 엘리아데나 조지프 캠벨 같은 사람들은 신에 대한 종족의 비전과 영적인 연결이 없는 현대의 가족은 인생의 각 단계에서 그 어떤 길잡이도, 따라 할 방식도, 도움도 얻지 못한 채 방황할 수밖에 없다고 했다.

그 속에서 핵가족은 결혼, 부모 되기, 직업적 경력이라는 사회 제도로 투사한다. 결혼의 투사는 '내 삶을 좀 더 의미 있게 만들기 위해

당신에게 의지하겠어', '당신이 날 위해 언제나 거기 있어 줄 것이라고 기대해', '당신이 내 맘을 읽어 내 모든 욕구를 미리 알아주길 기대하고 있어', '당신이 내 상처를 봉합해 주고 내 삶의 모든 부족한 부분을 채워 주길 바라', '당신이 날 완성시켜 주길, 더 나은 사람으로 만들어 주길, 상처받은 내 영혼을 치유해 주길 원해'와 같은 방식으로 이루어진다.[6]

부모 역할 또한 개별 가족이 강력하게 정체성을 투사하는 영역이다. 개별 가족 속의 대부분이 부모들은 자식에게 무엇이 맞는지 잘 안다고 생각하며, 자식에게 자신의 부모가 저지를 실수를 하지 않을 수 있다고 확신한다. 그러나 우리는 필연적으로 자신이 살지 못한 삶을 자식에게 투사하는 잘못을 저지르기 마련이다. 융은 아이가 짊어져야 힐 가장 큰 짐이 부모가 살아 보지 못한 삶이라고 말했다.

현대 가족에서 직업적 경력 역시 중요한 투사의 대상이다. 일은 자신의 정체성을 형성하는 가장 중요한 수단이며, 그것의 상실은 정체성의 혼란을 가져온다. 그러나 융은 직업과 소명을 구별하여 직업은 돈을 벌어 경제적 수요를 만족시키기 위한 것인 반면, 소명은 삶의 에너지를 실현하도록 요청받는 것이라고 했다. 스스로 충분히 생산적이라고 느껴야 개성화를 이룰 수 있으며, 자신의 소명에 응답하지 않으면 영혼이 상처를 입는다. 소명은 우리 선택이 아니다. 소명이 우리를 선택한다. 우리는 거기에 어떻게 반응할지를 선택할 수 있을 뿐이다.[7]

현대 가족은 지금 심각한 위기에 놓여 있다. 우울증, 알코올 중독, 성적 흥분을 위한 대마초 흡연, 혼외정사 등 가족을 해체하는 현상들이 곳곳에 널려 있다. 이러한 위기를 시모주 아키코는 '가족이라는 병'이라고 부르고[8] 제임스 홀리스는 '중간항로'라고 불렀다. 기대한 대로

되지 않았다는 배신감과 투사가 사라짐으로써 나타나는 공허함이 현대 가족을 위기로 이끌고 있다. 현대 가족이 중간항로에서 겪는 가장 강력한 충격 중 하나는 우리가 암묵적으로 우주와 맺었던 계약, 다시 말해 우리가 옳게 행동하고 선의를 지니면 모든 일이 제대로 풀릴 거라는 생각이 무너진다는 것이다. 그중에서도 가장 큰 충격은 '자아의 우월함'이라는 환상이 깨지는 일이다. 이는 니체가 자신이 신이 아님을 깨닫게 될 때 인간이 얼마나 당황하고 경악하는지에 관해 묘사한 것과 같다. 마찬가지로 융도 자신이 자기 집의 주인이 아님을 깨달을 때 일어나는 전율이 어떤 것인지 강조했다. 이는 마치 『성경』 속의 욥처럼 우리는 모든 환상이 무너진 채 오물 더미 위에 걸터앉아 대체 어디부터 잘못되었는지 혼란에 빠진 모습과 같다.[9] 그러나 사실은 이러한 위기 속에서 우리는 부모 콤플렉스와 집단 콤플렉스를 벗어나 진정한 수행공동체로서의 가족을 형성할 수 있다.

사회적 가족으로서의 수행공동체 가족은 융이 말하는 제2차 성인기의 모습과 같다. 융은 제2차 성인기의 과제에 대해 다음과 같이 말했다.[10]

청년은 인생을 살면서 자연스레 자신의 유년기와 유년기의 부모에 대한 의존성에서 벗어나야 한다. 그러지 않으면 무의식적 근친상간의 굴레에 몸과 영혼이 묶이고 만다. (중략) 공포는 도전이자 과제다. 대담해져야 공포로부터 벗어날 수 있기 때문이다. 이 과제를 받아들이지 않으면 삶의 의미 자체가 침해당하며 미래 전체가 희망 없는 진부함에, 단조로운 잿빛 환영에 빠지는 운명을 맞는다.

또 융은 그리스도를 본받는 길(imitatio Christi)은 그 옛날 나사렛의 목수 아들처럼 사는 게 아니라 예수가 그리스도의 삶을 산 것처럼 자신의 개성화 과정인 소명을 따라가는 것이라고 말했다.[11]

도마복음에는 "네 안에 깃든 것을 일깨운다면 그것이 너를 살릴 것이요, 그렇게 하지 못한다면 그것이 너를 죽일 것이다"라고 했다. 늪에서 탈출하기보다는 오히려 늪 속으로 용감하게 뛰어들어 무엇이 새로운 삶을 기다리고 있는지 살펴볼 필요가 있다. 개성화 과정에서 가장 먼저 만나야 하는 것은 그림자이다. 자신에게 솔직할 수만 있다면 우리는 자기 자신의 이기심, 의존 성향, 두려움, 질투, 그리고 파괴적인 능력까지도 파악할 수 있다. 분명 보기 좋은 모습은 아니겠지만 무작정 밝기만 한 페르소나보다 더 완성된 형태이며 더 인간적이다. 로마 시대 시인 테렌티우스는 "인간에 대해 어떤 것도 남의 일로 보지 않는다"라고 말했다.

그림자가 없는 사람은 놀라울 정도로 평범할 뿐 아니라 매력이 없다. 부정적 그림자 안에 들어 있는 분노, 욕망, 화 등은 무의식 수준에서 발현하면 해로운 수 있으나 의식 수준에서 받아들이면 새로운 방향과 에너지를 준다. 그림자는 의식 수준의 성격보다 훨씬 강력하지만 아직 써 보지 못한 삶의 에너지이며, 이를 막아 버리면 생기 또한 줄어든다.

우리 안에 있는 그림자와 대화를 나눔으로써 우리는 타인에 대한 증오와 질투 등 수많은 투사를 없앨 수 있다. 타인의 문제에 갇혀 신음하기보다 나의 개성화에 더욱 집중하는 것이 수행공동체로서의 가족이 해야 할 일이다. 융은 이렇게 말했다. "우리는 선험적으로 무의식적인 존재이지만, 자신의 고유한 특질을 의식할 때만 의식 안에 존재할 수 있다. 개인성을 의식 수준으로 끌어올리면, 다시 말해 외부의 대상과 자신을 동일시하려는 상태를 넘어서려면 의식적으로 차이를 만드는 과정, 즉 개성화가 필요하다."[12] 융이 말하는 외부 대상과의 동일시는 개인이 어려서는 부모의 현실과, 자라서는 부모 콤플렉스 및 사회 제도의 권위와 동일시하여 자신의 존재를 확인하는 일을 가리킨다.

# 3. 오늘날의 수행공동체

## 가. 외국의 수행공동체

오늘날 세계 곳곳에는 수많은 수행공동체가 운영되고 있다. 대표적인 것이 바로 틱낫한 스님이 운영하는 프랑스 보르도 지방의 플럼 빌리지 공동체이다. 틱낫한 스님은 베트남에서 1942년에 출가했는데 베트남 전쟁이 발발하자 미국 전역을 돌며 평화운동을 벌였다. 베트남 정부의 미움을 사서 귀국이 어렵게 된 스님은 1973년 프랑스에 망명해 보트피플을 위한 수용소를 세워 난민들을 돕다가 1982년 플럼 빌리지를 세우고 명상공동체 활동을 시작했다. 플럼 빌리지에는 200명이 넘는 출가 수행자가 플럼 빌리지와 그 밖의 네 곳의 공동체 마을에서 살고 있다. 플럼 빌리지는 먹고, 걷고, 일하고, 함께 차를 마시며 깨어 있는 마음을 키우기 좋은 환경으로 전 세계에서 수천 명이 찾아와 침묵과 명상, 휴식, 일과 놀이를 함께하다가 돌아간다. 플럼 빌리지는 여름에는 4주간의 여름 안거와 겨울에는 90일간의 안거를 갖고 전 세계의 수행자들을 맞는다. 봄, 가을에는 방문객들에게 일주일 이상

머무를 수 있는 프로그램을 제공하기도 한다. 틱낫한 스님은 2014년 뇌졸중을 겪은 후 2016년 플럼 빌리지로 돌아왔으나 말은 하지 못하고 평화롭고 고요하게 공동체 활동에 참여하고 있다.

또 영국 스코틀랜드 북쪽에는 인간과 신과 자연은 하나라는 것을 깨닫기 위한 핀드혼 공동체가 있다. 1962년 피터와 에일린 캐디 부부, 에일린의 친구인 도로시 매클린이 이곳에서 신비한 체험을 한 후 정착했고, 이들이 척박한 땅에서 놀라운 수확을 거두기 시작하자 같은 뜻을 가진 사람들이 점차 모여들면서 공동체를 이루었다. 핀드혼에서 풀타임으로 일하고 있는 사람은 210명 안팎이며, 주 소득원은 공동체에서 운영하는 각종 교육 프로그램이다. 자연과 인간이 하나임을 깨닫게 하는 영적 프로그램부터 환경 친화적 건축과 유기농법을 가르치는 프로그램, 영어와 명상 프로그램 등 다양하다.

핀드혼 공동체는 생태적·영성적 삶을 실천하고 있는 대표적 대안 공동체로 성장했으며, 세계에코빌리지네트워크(Global Eco-Village Network)의 허브 역할을 하고 있다. 핀드혼은 영성과 생태를 중시한다. 영성이란 어느 특정 종교를 따르는 것이 아니라 '내가 곧 신'이라고 생각하는 것인데, 이럴 때에만 인간이 '총체적 사고'를 할 수 있다는 것이다. 따라서 핀드혼은 종교를 불문하여 기독교도·불교도·이슬람교도·도교도 등이 함께 살고 있다.

핀드혼 방문자들은 주로 오전에는 공동체 안의 여러 작업반으로 나뉘어 일하고, 오후에는 다양한 영성훈련을 하고, 저녁에는 강연도 듣는다. 핀드혼의 대표적인 영성 프로그램은 일주일 과정인 '경험 프로그램'이다. 이 프로그램을 경험하는 사람만도 연간 4,000여 명이나 된다. 핀드혼은 공동체 체험을 위한 '체험주간', '공동체 삶 탐구' 등 다양한 일주일짜리 단기 프로그램을 운영하고 있다. 공동체 일원이 되고자 하는 사람은 체험주간 참여를 시작으로 일련의 과정을 거쳐야 한다. 1974년부터 시작된 체험주간 프로그램은 핀드혼 공동체 삶의 핵심을 소개하는 중요한 통과의례로 조율 의식, 단체 작업, 토론, 명상, 춤, 자연 체험 등 다채로운 과정으로 이뤄져 있다. 농장이나 식당 등에서 일하는 데도 비중을 두고 있다.

또 인도의 휴양지 푸나에는 라즈니쉬가 만든 수행공동체인 아쉬람 공동체가 있다. 라즈니쉬는 1931년 12월 11일 인도의 쿠츠와다에서 태어나 어린 시절부터 반항적이고 독립적인 정신을 지녔으며, 남들로부터 주어지는 지식이나 신념에 기대기보다는 스스로 진리를 체험하고자 했다. 21세에 깨달음을 얻은 오쇼는 사가르대학을 수석으로 졸업한 뒤 자발푸르대학에서 9년 동안 칠학교수를 지냈다. 교수직을 그만두고 인도 전역을 순회하면서 기존의 신앙을 공격하는 강연을 했으며, 1974년 서구에서 몰려든 젊은이들과 함께 인도 뭄바이 남쪽의 도시 푸나에 공동체를 세웠다. 1990년 1월 19일 자신의 몸을 떠났다. 라즈니쉬는 출간된 저서만 650여 종, 세계 30여 개의 언어로 번역되었으며 우리나라에 번역된 책만 200여 종에 이른다. 푸나에 있는 그의 대규모 공동체(아쉬람)는 영적 성장을 위한 메카가 되었으며, 이곳에서 이루어지는 명상, 치료, 창조적 프로그램 등에 참가하기 위해 전 세계에서 해마다 수천 명이 방문하고 있다.

태국 시사껫에는 20여만 평의 마을에 공동 홀과 공동 식당, 학교 등이 모여 있는 센터를 중심으로 마을 사람들의 집과 공장, 학교, 숲, 논밭이 바둑판처럼 정돈된 아속 공동체가 있다. 아속은 승려와 일반인이 어우러져 살아가는 곳이다. 승려가 주인이고, 재가자는 하수인이

거나 객인 뿐인 한국의 사찰 공동체와도 다르다. 6개의 마을을 비롯한 아속 공동체엔 갈색 승복을 입은 출가 비구와 비구니 100여 명이 있다. 또 승복을 입지는 않지만 무소유적 삶을 실천하며 헌신하는 독신 여성들로 '수녀' 격인 30여 명의 시카맛, 가족들과 함께 아속마을에서 살아가는 사람들, 아속의 공장에서 일만 하는 노동자들, 밖에서 살지만 아속에 교사로 참여하는 사람들, 아속에서 살지만 직장은 밖으로 다니는 사람들도 있다.

아속 공동체를 설립한 포티락은 7남매의 장남으로 태어나 가족을 버리고 떠난 아버지와 10살 때 세상을 떠난 어머니 대신 6명의 동생을 보살폈다. 예술대학을 마치고 그림을 그리던 그는 작곡가와 텔레비전 프로그래머로 데뷔했는데, 단기간에 태국 최고의 스타가 되었다. 방콕에서 호화로운 주택에서 살며 절정의 인기를 누리던 어느 날 그는 머리를 밀어 버리고, 완전 채식주의자가 되어 맨발로 걷기 시작했다. 그는 "부와 명성과 안락이 왕자 고타마 붓다를 정복할 수 없었듯이 나 또한 정복할 수 없었다"고 했다.

아속은 환희라는 뜻이다. 특히 '고통이 없는 상태'의 환희다. 시사아속엔 유치원과 초등, 중고등, 기술학교 등 3개의 학교가 있다. 유치원과 초등학생들의 대부분은 이 공동체에서 사는 집의 아이들이다. 그러나 중고등학교와 기술학교 학생들의 대부분은 외지에서 왔다. 학비만이 아니라 먹고 입고 자는 것 일체를 공동체에서 해결해 준다. 하지만 이들이 거저먹는 것은 아니다. 시사아속 내엔 여러 개의 작은 공장들이 있다. 공동체 안뿐 아니라, 차로 10~20여 분 거리에 여러 개의 농장들까지 있다. 아속 공동체는 '부니욤 네트워크'로도 불린다. 그들의 경제 원리가 '부니욤'(공덕주의)이다. 공덕은 아름다운 세상을 만들기 위한 선행이다. 부니욤 네트워크는 현재 30개의 공동체와 9개의 학교, 6개의 채식 레스토랑, 4개의 유기농 비료 공장, 3개의 쌀방앗간, 2개의 허브 의약품 공장, 하나의 병원, 160헥타르(ha)의 농장을 갖추고 있다.[13]

남인도 첸나이에 있는 퐁디셰리의 오로빌은 그 넓이가 750여만 평으로 세계에서 가장 큰 공동체 마을이다. 1968년 개발을 시작하여 지금은 45개국에서 온 2,500명이 한곳에 모여 살고 있다. 오르빌은 인도 출신의 영적 지도자 오르빈도의 사상을 토대로 만들어진 수행공동체이다.

오로빈도는 인도 캘커타에서 부유한 의사의 아들로 태어나 7살에 영국으로 건너가 케임브리지대학을 졸업하고 돌아와 방갈로르국립대학 소내 학장을 지냈다. 인도 독립운동에 투신하다 국사범으로 체포돼 감옥에서 깊은 영적 체험을 했는데, 그 체험을 토대로 「사비트리」란 대서사시를 썼다. 또 기존의 몸 운동 위주의 아사나를 넘어 전인적인 영적 변화를 위한 '통합요가(integral yoga)'를 주창했다.

오로빈도는 38살에 아내와 헤어져 퐁디셰리에 은거했다. 프랑스령 퐁디셰리에 1920년부터 머물던 프랑스 국적 유대인 마더는 오로빈도를 만난 뒤 그를 멘토로 삼아 새로운 의식을 탄생시킬 오로빌을 건설했다. 오로빌은 무엇보다 아이들의 천국이다. 학비는 모두 무료다. 학교에는 선생도 아이들도 모두 이름만 부를 뿐, '교장 선생님'이나 '선생님' 같은 호칭도 없다. 시험과 상벌도 없다. 마음껏 놀고, 억압받지 않고 자기를 발견하고 자기를 발현하게 한다. 깊은 내면의 자아가 존재의 중심에 서도록 도와주는 것이다. 전 세계에서 온 다양한 친구들이 금수저든 흙수저든 상관없이 함께 어울려 다양한 언어를 사용한다.

오로빌엔 세계적 수준의 음악가와 화가, 의사, 음악감독, 건축가 등이 적지 않다. 아이들은 이들로부터 무료로 개인지도까지 받을 수 있다.[14]

또 종교개혁 시기 소박함과 사랑, 비폭력을 추구하는 후터파 공동체의 이념을 바탕으로 영국과 미국, 그리고 호주 등 여러 나라에 걸쳐 수천 명이 참여하고 있는 브루더호프 공동체도 있다. 브루더호프는 1920년대 독일의 대학개신교선교단체 지도자였던 에버하르트 아르놀트(1883~1935)와 동료들에 의해 세워졌다. 아르놀트가 독일에서 오갈 데 없는 장애인이나 고아들을 돌본 게 브루더호프의 시작이다. 결국 공동체는 독일에서 나치에 의해 쫓기는 신세가 됐다. 인근 소국 리히텐슈타인으로 숨어들었지만 그곳도 나치가 장악해 갈 곳이 없었다. 아르놀트 사후 부인과 자녀들과 공동체원들은 이후 영국의 시골마을 다벨에 정착했다. 그러나 세계대전이 터지면서 당시엔 독일인이 다수였던 브루더호프 사람들이 독일의 스파이가 아니냐는 비난이 고조되자 이들은 남미 파라과이 밀림에서 고난의 세월을 보내기도 했다. 50여 년 전부터는 미국에서 크게 성장하면서 브루더호프의 무게중심이 미국으로 이동했다. 브루더호프 공동체의 기초는 그리스도의 산상설교를 비롯해서 형제 사랑과 원수 사랑, 서로 간의 섬김, 비폭력과 무장 거부, 성적 순결, 충실한 결혼 생활 등이다. 이들은 초대교회와 같이 모든 것을 공유하며, 점심과 저녁 식사는 함께한다. 교제, 찬양, 기도, 의사 결정을 위한 모임을 매주 몇 차례에 걸쳐 저녁 시간에 갖는다.[15]

가까운 일본에는 자연과 하나 됨을 추구하며 농사를 짓는 야마기시 공동체가 있다. 야마기시즘의 정신적 뿌리는 야마기시 미요조(1901~1961)이다. 그는 사회주의운동을 주도하다 경찰의 수배를 받아 양계장에 숨어들었다가 그곳에서 '상생의 세계'를 발견했다. 농작물들은 인간과 닭에게 먹거리를 제공하고, 인간과 닭은 그 먹거리로 건강해지며, 다시 배설물을 거름으로 자연에 돌려줘 순환하며 서로 번영해 가는 모습을 본 것이다. 그는 나라는 틀 속에서 벗어나 모두가 상생하는 순환농법을 보고는 '나, 모두와 함께 번영한다'는 이상을 제시하고 공동체 마을을 시작했다. 야마기시즘에 대한 호응이 커지면서 이를 실현하기 위한 '실현지'라는 공동체마을이 일본 30여 곳을 비롯해 브라질, 스위스, 타이, 독일, 오스트레일리아, 미국 등 50여 곳에 만들어졌다. 우리나라에도 1966년부터 7박 8일의 야마기시즘 특강이 열렸고, 1984년 경기도 화성시 향남읍에 산안(야마기시)마을이 세워졌다. 야마기시는 국내 공동체·환경·생명운동과 수련 프로그램들에도 큰 영향을 미쳤다.

## 나. 우리나라의 수행공동체

현재 우리나라에도 수많은 수행공동체가 운영되고 있다. 해방 이후 우리나라 최초의 수행공동체는 기독교 운동가 이현필(李鉉弼)이 1947년 남원 서리내에서 청소년 제자들과 성경 공부를 하며 발족한 동광원(東光園)이다. 1950년 1월 최흥종, 김천배, 정인세 등 광주 지역 기독교 지도자들과 함께 고아원을 설립하고 동광원이라는 이름을 붙인 이후로, 사회복지기관과 수도공동체로서의 기능을 겸하게 되었다. 이현필은 여순사건 이후로 증가한 지역의 고아들을 돌보고자 사회복지기관의 설립을 주도했는데, 그의 궁극적 관심과 목표는 어디까지나 수도생활에 있었다. 따라서 그는 세속의 학문과 문화를 배제하고 기독교의 가르침에 따라 고아원을 운영했다. 하지만 이러한 방침은 기독교계와 사회의 지속적인 비판을 불러왔고, 결국 1954년 행정당국에 의해 폐쇄되었다. 이

후 동광원은 고아원으로서의 기능은 배제한 채 수도공동체로서의 명맥만을 이어 나가고 있다.[16]

경남 산청군 신안면 갈전리에는 '민들레공동체'가 있다.[17] 공동체 구성원들은 비인가 대안학교인 민들레학교 중·고 과정생 43명과 교사 7명 등과 교사 네다섯 가정으로 이뤄져 있다. 민들레학교의 설립자 김인수(57) 교장은 대학 졸업 뒤 10여 년간 지리산 일대에 교회조차 없는 가난한 마을들만 찾아 살았다. 그는 오지 빈촌의 폐가를 구해 고쳐 살며 마을 이웃들에게 자신의 전공인 농업을 살려 유기농법을 가르쳐 주며, 교회를 개척했다. 2007년 민들레학교를 열고 입학생들에게 "대학 갈 생각도 부자로 살 생각도 말라"고 했다. 그는 첫째, 도시에 있지 말고 농촌에 와라. 흙속에서 살아야 사람 된다. 둘째, 자식 대학 보내려고 하지 마라, 대학 가 봐야 별 볼 일 없다. 셋째, 취직당하지 마라. 교육은 직업에 목매는 게 아니라 스스로 자립해서 직업을 만들어 내는 사람을 키우는 것이다. '정의와 자유, 평등, 사랑'을 건설하는 데 일익을 담당하는 삶을 살지 않았다면 결코 성공한 삶이 아니라는 것이었다. 부부가 민들레학교를 설립한 것은 '진짜 성공한 사람다운 사람'을 길러 내기 위함이었다.

서울 도봉동에는 은혜공동체가 있다. 은혜공동체에는 도봉산 아래 안골마을에 49명의 대식구가 한집에서 살아간다. 은혜공동체 설립자 박민수(51) 목사는 2000년 서울 동대문구 회기동 경희대의 강의실을 빌려 예배를 드리기 시작할 때부터 '교회' 대신 '공동체'라는 이름을 붙였다. 서울 강북구 인수동 516번지 일대에는 '밝은누리' 공동체가 있다. 밝은누리는 공동체이지만 울타리가 없다. 이 빌라 저 빌라, 이 집 저 집에 흩어져 마을 사람들과 공존하고 있다. 밝은누리가 운영하는 도토리어린이집과 저학년 초등학생 12명이 배우는 살구나무배움터와 고학년 초등학생들 18명이 배우는 감나무배움터도 각기 떨어져 있다. 그 중심에 '마을밥상'이 있다. 저녁 식사를 하는 '마을밥상'은 정겨운 시골장터 국밥집처럼 시끌벅적하다.

경남 합천군 쌍백면 하신리에는 오두막공동체가 있다. 오두막공동체에는 출소자, 알코올 중독자, 지적 장애인, 그들의 보호자 등 30여 명이 '따로인 듯, 함께인 듯' 살아간다. 오두막공동체를 이끄는 이재영 (67) 장로와 최영희(64) 권사 부부는 1983년 부산에서 출판사를 하던 때 교도소에 보낸 전도지를 보고 온 출소자들을 달동네에서 돌보며 공동체살이를 시작했다. 11년 전 이곳에 들어와 다양한 사람들이 어울려 살았는데, 다른 부류의 사람들과 서로의 문제점이 상쇄, 보완되면서 말썽이 현저히 줄었다. '오두막'은 여러 가구가 한집에서 살지 않고, 적어도 부부싸움이 안 들릴 정도의 '안전거리'를 유지하게 한다. 구조가 삶의 안식에 미치는 영향 때문이다.

포항시 북구 신광면 안덕마을에는 사랑마을공동체가 있다. 사랑마을은 한동대 사회복지학과 교수이기도 한 유장춘(58) 목사를 중심으로 세워졌다. 2009년 공동체모임을 시작해 2010년 이 인근 반곡리에 1,000여 평의 땅을 구입해 자연친화형 양계장을 만들면서 공동체가 시작되었다. 그 이후 1,300평의 땅을 더 사서 4가구가 사는 본채와 2가구가 사는 옆채를 지었고, 최근 공동육아와 공동식사, 예배, 회의, 소음악회 등을 할 수 있는 센터를 완공했다.

공동체적 성격이 비교적 느슨한 본량마을공동체네트워크(본마공)도 있다. 본마공은 광주 송정역에서 차로 10여 분 떨어진 본량초등학교 뒤편에 있다. 본마공은 광주 시내에서 육아를 위한 사회적 협동조합을 꾸려 '햇살가득' 공동육아를 하던 이들이 모태가 되어 만들어졌다. 조합원들은 2006년 광주 시내에 있던 어린이집을 본량 송치마을에 옮겨 새로 시작하면서 각자 땅을 사서 집을 지었다. 신흥마을로 이주하기 전에 이미 '햇살가득'을 마친 아이들은 본량초등학교로 전학했다. 그 후 공동체 건축을 하는 코비즈건축협동조합 정상오 대표가 여러 집이 마을공동체 집을 지어 살아 보면 어떠냐고 제안하여 다섯 집이 공동으로 함께 집을 지어 살아가고 있다.

슈리 크리슈나다스 아쉬람은 창원대 김병채(상담심리학) 교수의 주도로 만들어진 인도식 수행공동체(아쉬람)다. 김 교수는 1988년 심리학의 한계를 느끼고 '깨달은 스승'들을 찾아 인도로 갔다. 그는 인도에 건너간 지 6개월 만에 인도의 성자 라마나 마하리쉬(1879~1950)의 제자인 슈리 푼자(1910~1997)를 만났다. 1944년 마하리쉬를 만나 깨달음을 얻은 슈리 푼자는 자신이 바로 참 자아임을 깨닫지 못하고, 끝없이 깨달음에 목말라하는 이들에게 "물고기가 물속에 있으면서도 물에 목말라하는 것과 같다"고 했다. 김 교수는 푼자의 명쾌하고 간결한 삿상을 통해 우리는 배울 필요가 없는 참나 자체이므로, 더는 '찾아다닐' 필요가 없음을 깨달았다. 그는 그 깨달음대로 방황을 그치고 귀국해 학교와 아쉬람 등에서 삿상과 명상을 이끌었다. 인도말로 '진리와의 교제'를 뜻하는 삿상은 문답을 통해 스스로가 깨달은 존재, 즉 참나임을 깨닫도록 한다.


### 다. 수행공동체의 기본 원리

이상에서 살펴본 수행공동체에는 몇 가지 공통된 특징이 있다. 먼저 오늘날의 수행공동체는 오직 에고의 욕망의 실현을 위한 현대 문명을 극복하기 위해 대안을 찾으려는 사람들의 모임이다.

둘째로 앞에서 살펴본 수행공동체 중에서 일본의 야마기시 공동체와 국내의 본마공을 제외하면 이들 대부분은 종교적 토대에서 수립된 공동체이다. 따라서 이들은 종교적 교리에서 현대 문명의 대안을 찾고 있다. 또한 종교적 토대가 있든 없든 대부분의 수행공동체는 지도자를 가지고 있다.

셋째로 인도의 오르빌이나 국내의 민들레공동체와 본마공, 슈리 크리슈나다스 아쉬람을 제외하면 대부분의 공동체는 사유재산 없이 공동재산을 택하고 있다. 아속이나 브루더호프 등 성공한 공동체들은 농사 말고도 수입으로 자립할 만한 공장을 운영하고 있다. 또 플럼 빌리지나 핀드혼 공동체와 같이 공동체 참가자들의 회비로 운영되기도 힌다. 일본 야마기시 공동체는 내분 이후 공동세가 해체되자 공동제를 탈퇴한 사람들이 소송을 제기해 헌납한 재산의 일부를 돌려받기도 했다.

넷째로 대부분의 공동체는 새로운 회원을 공동체 가족으로 받아들일 때 공동체 전원의 찬성을 조건으로 하고 있다. 정식 회원으로 받아들여지기 전에 신입 회원은 최소 몇 달에서 1년가량 공동체 생활을 함께한다. 그 뒤 기존 회원들의 만장일치에 의해 회원 가입이 승인된다. 공동체 구성원들 사이에 분란을 일으키지 않고 살 수 있을 정도의 마음 자세나 삶의 태도를 가지고 있는지 살펴보아야 하기 때문이다.

다섯째로 공동체 구성원들에게는 대부분의 경우 보수가 주어지지 않는다. 물론 의식주와 의료 등 복지는 공동체에서 보장해 준다. 오로빌처럼 규모가 큰 공동체에서는 생활이 어려운 이들에게 기본 생계비를 주는 곳도 있다. 야마기시는 한 달에 1만 엔 정도의 용돈을 주지만, 브루너호프에는 용돈이 따로 없다. 그러나 개인적으로 외출할 때 돈이 필요하면 신청을 하고 타서 쓴다.

마지막으로 이러한 수행공동체를 방문하려면 반드시 미리 연락해서 허락을 받아야 한다. 그리고 방문 허가를 받아 방문하게 되면 공동체 사람들과 똑같이 일하며 먹고 자는 것이 원칙이고 따로 숙식비를 받지는 않는다. 물론 펀드혼이나 일본의 애즈원과 같이 방문자 프로그램을 따로 운영하는 경우는 별도의 참가비를 받는다. 애즈원의 경우 3박 4일 일정에 1인당 3만 5,000엔을 받는다.

# 4. 불교 승가공동체의 구성 원리

불교의 수행공동체인 승가는 기원전 5세기 후반 무렵 인도에서 만들어진 인류 최초의 공동체이며 오늘날에도 유지되고 있는 가장 오래된 공동체이다. 그런 측면에서 승가는 인공지능 시대의 수행공동체로서 가족공동체가 참조해야 할 많은 보물을 가지고 있다. 『잡아함경』에는 다음과 같은 부처와 아난다의 대화가 있다.[18]

> "대덕이시여. 곰곰이 생각해 보니 우리들이 참다운 친구를 사귀고 착한 벗들과 함께 있다는 것은 우리가 닦는 도의 반은 이룩된 것이라는 생각이 듭니다. 어떻습니까?"라고 아난다가 물었다. 이에 답하여 부처님은 "아난다여, 그게 아니다. 그리 생각해서는 안 된다. 아난다여, 우리가 참다운 벗을 사귀고 선한 벗들과 함께 있다는 것은 도의 절반을 이룬 것이 아니라 그 전부이니라."

이처럼 공동체는 수행의 가장 중요한 요소이다. 깨달음의 에너지는 혼자 있을 때보다 여럿이 함께 있을 때 훨씬 큰 시너지 효과를 가져오기 때문이다. 물론 혼자 동굴 속에 들어가 수행하여 깨달음에 이를 수도 있다. 홀로 연기(緣起)의 이치를 주시하여 깨달은 자, 연각(緣覺)·벽지불(辟支佛), 독각승이 바로 그런 사람들이다. 그렇지만 독각승은 드물고 또 위험하다.

농안거와 하안거를 하는 승려들이 한곳에 모여 참선을 하는 까닭은 그들의 수행에너지가 상승효과를 내기 때문이다. 그리고 그중 한 사람의 깨달음은 곧 바로 그 옆 사람에게 전해진다. 그래서 많은 깨달음을 얻은 스승들이 여러 수행자들이 함께 모여 수행하는 붓다 필드를 만들려고 했던 것이다.

수행공동체로서의 승가에는 여덟 가지의 미증유법이 있다고 한다. 그 여덟 가지는 다음과 같다.[19]

첫째, 바다는 점점 깊어지듯 불타의 법과 율도 수행으로 점차 깊어지는 것이다. 홀연히 요지(了知), 통달하는 것이 아니다.

둘째, 바다에는 상법이 있어 물이 언덕을 넘치는 일이 없듯이 불타가 제정한 계율을 제자들은 목숨을 잃는 인연이 있더라도 넘어서는 안 된다.

셋째, 바다는 죽은 시체와 공주하지 않듯이 상가에 파계, 악법, 부정한 사람이 있으면 상가는 집회를 열어 그를 들어낸다.

넷째, 세간에 있는 큰 강도 바다에 도달하면 이름을 버리고 다만 바다라고 이름하듯 집을 버리고 출가하면 앞의 성명을 버리고 다만 사문석자(沙門釋子)라고만 부른다.

다섯째, 바다는 늘어나거나 줄어들지 않듯이 비구들이 아무리 많이 무여의열반계(無餘依涅槃界)에서 반열반(般涅槃)을 하더라도 그것으로 해서 무여의열반계에 증감이 없다.

여섯째, 바다는 하나의 맛인 짠맛만 가지고 있듯이 이 법과 율은 하나의 맛인 해탈미를 가지고 있다.

일곱째, 바다에는 헤아릴 수 없는 많은 보물이 있듯이 승가에는 사념처, 사정근, 사신족, 오근, 오력, 칠각지, 팔성도가 있다.

여덟째, 바다에는 커다란 생물이 살고 있듯이 승가도 예류(預流), 일래자(一來者), 불환자(不還者), 아라한(阿羅漢) 등의 주처이다.

승가는 원하는 사람은 누구나 들어올 수 있으며, 또한 원하는 사람은 언제든지 나갈 수 있었다. 부처가 깨달음을 얻은 뒤 범천의 권청에 의해 설법을 하기로 결의했을 때, "감로의 법문은 열려 있다. 귀가 있는 사람은 누구나 들어라"라고 했듯이 누구나 승가에 들어가기를 원하는 사람은 들어올 수 있었다. '오너라, 비구여(善來 比丘)'라고 하는 것이 초기의 구족계였던 것이다.

또한 승가로부터 나갈 때도 어떠한 제한도 없었다. 『남해기귀내법전』에 의하면 발트리하리라는 사람은 수승한 법을 열망하여 출가했으면서도 재가생활을 잊지 못하여 세속으로 돌아가기도 했는데 이처럼 재가와 출가를 왕복한 것이 일곱 번이었다고 한다.[20]

그러나 일단 승가에 들어오면 규칙을 지켜야 했다. 계율은 승가가 제대로 유지되는 데 꼭 필요한 것이고, 불법승 삼보 중 승가가 지탱되고 보존될 수 있도록 하는 근간이 되는 것이다. 불교 경전의 세 부류인 경, 율, 론에서 율이 바로 승가의 규칙인 계율이다. 불교의 계율은 한꺼번에 만들어진 것이 아니라 조금씩 필요에 의해 만들어졌다.

밀린다왕문경에는 밀린다왕과 나가세나의 다음과 같은 대화가 수

록되어 있다.[21]

"존자여, 부처님은 모든 것을 다 아시고 예견한 분이 맞습니까?"

"대왕이시여, 그렇습니다. 부처님께서는 모든 것을 다 아실 뿐만 아니라 모든 것을 다 예견하고 계십니다."

"그렇다면 부처님께서는 어째서 비구승단의 계율을 한꺼번에 제정하지 않으시고 기회가 있을 때마다 하나씩 하나씩 정했습니까?"

"대왕이시여, 이 세상에 있는 의약을 다 알고 있는 의사가 있습니까?"

이에 왕이 있다는 뜻으로 고개를 끄덕이자 나가세나는 다시 묻습니다.

"의사는 환자가 병들었을 때 약을 줍니까, 아니면 병이 나기도 전에 약을 줍니까?"

"병이 난 다음에 약을 줍니다. 그래야 환자가 약을 먹고 낫게 됩니다."

"부처님께서는 모든 것을 아시고 예견하신 분이시지만 적당하지 않을 때는 계율을 정하지 않았습니다. 수행생활 중 누군가가 수행에 지장이 되는 행동을 하였을 때 계율을 제정하여 다시는 그런 행동을 하지 못하도록 하신 것입니다."

이처럼 승가의 계율은 수행 과정에 심각한 문제가 발생했을 때에 다시는 그런 행동이 일어나지 않도록 제정한 것이지, 사전에 무엇을 지키라고 한 것은 아니었다. 불교 교단이 만들어지고 야사비구가 출가하면서 친구 50명이 따라서 출가했으며, 가섭 3형제가 출가함으로써 1,000명이 넘는 거대한 승단이 이루어졌지만 바로 계율이 만들어진 것은 아니다. 계율은 최초의 승단이 만들어진 8년 후에 처음 제정되었다.

최초의 계율이 제정된 것은 수디나라는 비구 때문이었다. 수디나 비구는 매우 부유한 집 출신인데 부처가 베샬리에 있을 때 흉년이 들었다. 탁발로 걸식을 하지 못하게 되자 수디나는 부처의 허락을 받아 많은 승려들을 이끌고 고향으로 가서 먹는 문제를 해결했다. 그러나 고향에 돌아온 수디나는 부모의 강요에 의해 재산을 물려줄 아들을 낳게 된다. 이를 계기로 제정된 최초의 계율이 '음행을 하지 말라'는 계율이다. 부처는 수디나의 일로 모든 수행자에게 다음과 같이 말했다.[22]

차라리 남근을 독사의 아가리에 넣을지언정 여자의 몸에는 대지 마라. 이와 같은 행위는 지옥에 떨어져 헤어날 수 없기 때문이다. 애욕은 착한 법을 태워 버리는 불꽃과 같으며 지혜의 종자를 없애 버린다. 애욕을 떠나야만 도를 깨닫고 열반의 경지에 들어갈 수 있다. 수디나가 어리석어 잘못을 저질렀으니 이제부터는 계율을 제정하여 지키게 하라.

도둑질을 하지 말라는 계율과 거짓말을 하지 말라는 계율은 수디나 사건 이후 '다니가'라는 비구 때문에 제정된다. 다니가는 절을 짓기 위해 나라의 목재를 관리하는 사람에게 거짓말을 하여 목재를 얻어 절을 짓게 되는데 이를 계기로 근본 계율이라고 하는 5계가 만들어진다.[23]

이후 승가의 계율은 바라제목차라 불리는 『계경』으로 확대된다. 『계경』은 4조의 바라이법, 13조의 승잔법, 2조의 부정법, 30조의 사타법, 90조의 바일제법, 4조의 바라제제사니법, 75조의 중학법, 7조의 멸쟁법의 8단으로 나뉘어 있다. 바라이라고 하는 것은 마치 머리가 잘

린 사람이 재차 신체와 결합하여 살아날 수 없듯이 비구가 부정한 법을 행하면 사문(沙門)이 아니고 석자(釋子)가 아니라는 뜻이다. 승잔은 돌길라라고도 하는데 돌길라는 의역하여 악작(惡作)이라고 번역된다. 예를 들어 물건을 훔치려고 도구를 가지고 나가면 돌길라이다. 훔치려고 생각하는 물건에 손을 대어 움직이면 투란차죄이다. 그 물건을 그 장소에서 옮기면 바라이죄가 된다.

승가는 화합을 기본으로 한다. 그 화합의 구체적인 방법으로 계(戒), 견(見), 이(利), 신(身), 구(口), 의(意)의 이른바 육화경(六和敬)을 제시하고 있다. 「사분율」에서는 이를 다음과 같이 말하고 있다.[24] "여기 기억하고 사랑하고 존중해야 할 여섯 가지 화합하는 법이 있다. 이 법에 의지하여 화합하고 다투는 일이 없도록 하여라. 첫째, 같은 계율을 같이 지켜라. 둘째, 의견을 같이해라. 셋째, 받은 공양을 똑같이 수용하라. 넷째, 한 장소에 같이 모여 살아라. 다섯째, 항상 서로 자비롭게 말하라. 여섯째, 남의 뜻을 존중하라."

# 5. 승가공동체에서 살펴본
# 가족 수행공동체의 고려 사항

수행공동체로서의 가족에 승가공동체와 같은 복잡한 규율이 필요하지는 않을 것이다. 규율이 필요하다고 해도 수범수제(隨犯隨制)의 승가공동체와 같이 그때그때 필요에 의해 만들면 될 것이다. 모든 규율은 수행공동체로서의 가족이 깨달음을 얻기 위한 최상의 조건을 창출하는 데 있다. 수행공동체의 모든 노력은 가족이 붓다필드가 되는 목적을 실현하기 위한 최소한의 것이 되어야 할 것이다. 이런 관점에서 앞에서 살펴본 불교의 수행공동체 사례를 통해 수행공동체로서의 가족을 구상할 때 고려해야 할 사항을 열거해 보면 다음과 같다.

먼저 구성원의 성격과 규모 그리고 새로운 구성원을 어떻게 받아들일 것인가이다. 불교 수행공동체는 깨달음이라는 공동의 목표가 있지만 인공지능 시대의 가족공동체는 취미와 수행방법에서 다양한 모습을 가지게 될 것이다. 그러한 공동체의 성격에 따라 규모도 달라질 수 있을 것이다. 따라서 가족 구성원으로 받아들이는 과정에 대한 규정이 있어야 한다. 최소한 어떤 조건을 충족시켜야 받아들일 것인가? 어떤 절차를 거쳐 받아들일 것인가?

불교의 상가는 처음에는 선래비구(善來比丘)로 누구나 원하면 승가에 참여할 수 있었지만, 후에는 10인 이상의 비구로 조직된 승가에서 전원의 찬성에 의해 구족계를 받아 비구가 되었다. 구족계 의식은 다음과 같이 진행된다. 먼저 계단에 10인 승가가 모여야 한다. 그 자리에서 수계 희망자는 10인의 비구에게 일일이 머리를 발에 대고 승가에게 예배한다. 이것이 끝나면 옷 입는 법을 가르친다. 다음에 발우의 수지를 가르친다. 다음으로 화상을 구한다. 화상이 정해지면 교수사를 선임한다. 교수사가 결정되면 수계 희망자에게 가서 차난(遮難)을 조사한다. 차난은 첫째, 남자일 것, 나이가 만 20살 이상일 것, 부모의 허락을 받았을 것, 관인이 아닐 것, 노예가 아닐 것, 부채가 없을 것 등으로 20여 개의 항목이 있다. 구족계 받기를 청하기를 3번 하면 구족계갈마를 한다.

두 번째 고려 사항은 공동체를 유지하기 위한 최소한의 규율이다. 공동체를 유지하기 위한 규율은 승가공동체와 같이 화합을 그 목적으로 해야 한다. 그런 의미에서 승가공동체에서 계율을 지키는 것은 모든 수행의 시작이자 근본이다. 서산대사는 다음과 같이 말했다.[25]

음란하면서도 참선하는 것은 모래를 쪄서 밥을 지으려는 것 같고, 살생하면서 참선하는 것은 제 귀를 막고 소리를 지르는 것 같으며, 도둑질하면서 참선하는 것은 새는 그릇에 가득 차기를 바라는 것 같고, 거짓말하면서 참선하는 것은 똥으로 향을 만들려는 것과 같으니, 비록 많은 지혜가 있더라도 다 마(魔)의 도를 이루리라.

승가에서 화합이라고 하는 것은 포살, 자자, 갈마와 일상적인 행사를 함께한다는 뜻이었다. 이처럼 수행공동체로서의 가족도 공동체를 유지하기 위해 이와 같은 화합 절차를 마련해야 할 것이다.

포살은 승려들이 매월 15일과 30일에 모여 계경(戒經)을 설하고 들으면서, 보름 동안 지은 죄가 있으면 참회하여 선을 기르고 악을 없애는 수행법(修行法)이다. 바라제목차라고 하는 것은 계율의 조문을 모은 것이다. 하나하나의 조문을 학처(學處)라고 한다. 포살에서는 전원이 바라제목차를 암송하는 것이 아니라 대중 가운데 한 사람이 일어나 고성으로 암송하고 다른 비구는 앉아서 듣는다. 한 구절씩 암송이 끝나면 그때마다 전원에게 향하여 반월 동안 이러한 조문에 위배되지 않았는지를 묻는다. 위배한 것이 있는 자는 죄를 발로(發露)하고 참회해야 한다.『사분율비구계본』에 의하면 포살 집회의 절차는 다음과 같다.[26]

"대중 승가는 모였습니까?" 대답하기를 "대중승가는 모였습니다."

"화합합니까?" 대답하기를 "화합합니다."

"구족계를 받지 않은 이는 밖으로 나가십시오." 있으면 내보내고 대답하기를 "구족계를 받지 않은 이는 이미 나갔습니다"라고 말하고 없으면 대답하기를 "이 가운데 구족계를 받지 않은 이는 없습니다"라고 한다.

"오지 않은 여러 비구의 욕 및 청정을 말하십시오." 법에 의거하여 말하기를 마치면 대답하기를 "욕을 다 말하였습니다"라고 하고, 없으면 대답하기를 "이 가운데 욕을 말한 이가 없습니다"라고 한다.

"누군가 비구니를 보내 와서 교계를 청하였습니까?" 비구니의 청을 받은 이가 있으면 대답하기를 "교계를 청하였습니다"라고 하고, 없으면 대답하기를 "이 가운데 비구니가 와서 교계를 청한 이가 없습니다"라고 말한다.

"승가는 지금 화합하여 무엇을 하려 합니까?" 대답하기를 "설계 갈마를 합니다"라고 한다.

승가의 갈마에는 백갈마(白羯磨), 백이갈마. 백사갈마의 세 종류가 있다. '백에 대해 찬성하는 이는 침묵하고 반대하는 이는 의견을 말하십시오'라고 하는 것이 갈마이다. 전원이 찬성하고 전원이 같은 의견이라는 것이 화합승의 의미이다. 백사갈마라고 하는 것은 백 다음에 갈마를 3회 반복하는 것으로 중요한 문제의 결정에는 이 방법이 채용된다.

세 번째 고려 사항은 새로 참여한 구성원에 대한 교육을 어떻게 할 것인가이다. 승가공동체의 경우 승가의 허가를 받아 사미가 되면 구성원 중 한 명이 출가아사리가 되어 10계를 주고 이후에는 비구화상이 교육을 한다. 『아함경』의 십선업도(十善業道)는 살생의 원리(遠離), 불여취(不與取)의 원리, 애욕에 있어서 사행(邪行)의 원리, 망어(妄語)의 원리, 이간어(兩舌)의 원리, 추악어(麤惡語)의 원리, 기어(奇語)의 원리, 무탐(無貪), 무진(無瞋), 정견(正見)이다. 출가아사리란 자기를 출가시켜 사미계를 주는 사람이다. 교수아사리란 구족계 의식 때 차난(遮難)의 유무를 조사하는 사람이다. 갈마아사리란 구족계 의식 때 백사갈마를 진행하는 비구를 말한다. 의지아사리란 화상이 부재일 때 화상을 대신해서 제자를 지도해 주는 비구를 말한다. 수법아사리란 교법이나 계율 등을 교수해 주는 스승을 말한다.

승가는 교육의 장인 동시에 생활의 장이다. 승가에서 제자를 지도

해 주는 책임자 비구를 화상(和尙)이라고 한다. 화상은 승가에서 지정해 주는 것이 아니고 새로 온 비구가 스스로 찾아야 한다. 그래서 어떤 사람이 출가해서 상가에 들어와 수행하고 싶으면 먼저 화상이 되어 줄 비구를 찾아야 한다. 그 화상이 제자에게 구족계를 주는 것이 적절하다고 생각하면 제자를 위해 의발을 구해 주고 사미계와 구족계의 의식을 가르친 뒤에 출가아사리를 위촉하고 구족계 의식을 위하여 10인 승가를 간청하는 것이다.

이와 같은 방식으로 미래의 가족 수행공동체도 새로운 구성원을 교육하는 방법을 구체적으로 마련해야 할 것이다.

마지막으로 공동체의 차서를 정하는 일도 고려해야 할 것이다. 승가공동체의 경우 먼저 출가한 이가 선배가 된다. "비구들이여. 연장자의 순서로 경례, 영역, 합장, 공경, 제일좌, 제일수, 제일식을 얻도록 히는 것을 허락한다." 차서는 구족계를 받고 난 뒤의 연수, 즉 법랍(法臘)을 기준으로 한다. 차서와 관련하여 밧티야나 아난다 등의 석가족 청년들 여섯 명이 출가하려고 했을 때, "우리들 석씨는 교만합니다. 이이발사 우바리는 오래도록 우리들의 하인이었습니다. 세존이시여, 우선 우바리를 먼저 출가시켜 주십시오. 우리들은 우바리에게 예경(敬禮), 영역(迎逆), 합장(合掌), 공경(恭敬)을 하겠습니다. 이렇게 하여 우리들은 석씨의 석씨만을 없애겠습니다"라고 말하고 먼저 우바리를 출가시켰다고 한다.[27]

동서고금을 막론하고 가족의 본질은 사랑의 공동체라는 것이다. 이것은 동서고금을 막론하고 인간 개인의 삶의 목표가 깨달음을 통해 사랑의 존재로 다시 태어나는 것이라는 주장과 같다. 인공지능 시대의 수행공동체로서의 가족은 이러한 사랑의 공동체를 회복하는 중요한 통로가 될 것이다. 그리고 이런 수행공동체로서의 가족을 형성하는 데 불교의 승가공동체는 중요한 시사점을 제공할 것이다.

---

1. 자세한 내용은 졸고 「한국 유학에서의 수행 노동과 낙도 여가」(2010), 홍승표 외, 『한국 전통사상과 새로운 노동관』, 계명대학교 출판부, 174~212쪽을 참조할 것.
2. 오구라 기조(2017), 「0.11」, 『한국은 하나의 철학이다』, 조성환 옮김, 모시는 사람들.
3. 이러한 원리주의적 성향은 물론 유학에 그치는 것은 아니다. 조선 후기에 유입된 천주교와 개화기에 유입된 개신교의 특징 역시 그 발상지보다 더욱더 원리적이라는 점에서 유학에 뒤지지 않는다.
4. 제임스 홀리스(2018), 『내가 누군지도 모른 채 마흔이 되었다』, 김현철 옮김, 더퀘스트, 19쪽.
5. 제임스 홀리스(2018), 위의 책, 34쪽.
6. 제임스 홀리스(2018), 위의 책, 56쪽.
7. 제임스 홀리스(2018), 위의 책, 155쪽.
8. 시모주 아키코(2015), 『가족이라는 병』, 김난주 옮김, 살림.
9. 시모주 아키코(2015), 위의 책, 86쪽.
10. Jung. C. G.(2014), 『Symbols of Transformation』, CW vol. 5, p. 553.
11. Jung. C. G.(2014), "Commentary on 'The Secret of the Gold Flowers'", 『Alchemical Studies』, CW vol. 13, p. 81.

12. Jung. C. G.(2014), "Definitions", 『Psychological Types』, CW vol. 18, p. 632; pp. 673~674.

13. 한겨레 수행, 치유 전문 웹진 휴심정(2017), 「공동체 마을을 찾아서」.

14. 한겨레 수행, 치유 전문 웹진 휴심정(2017), 「공동체 마을을 찾아서」.

15. 요한 크리스토프 아놀드(2000), 『브루더호프의 아이들』, 전의우 옮김, 도서출판 쉴터.

16. 동광원(東光園), 『네이버 지식백과』(두산백과).

17. 이하 국내 수행공동체에 대한 내용은 「공동체 마을을 찾아서」(한겨레 수행, 치유 전문 웹진 휴심정, 2017)를 토대로 정리한 것이다.

18. 강건기(1988), 「불교 공동체로서의 승가의 의미」(『잡아함경』 제27 15), 『언론문화연구』 제6집, 34쪽.

19. 히라카와 아키라(平川彰)(2003), 『원시불교의 연구』, 석혜능 옮김, 민족사, 34쪽.

20. 히라카와 아키라(平川彰)(2003), 『원시불교의 연구』, 석혜능 옮김, 민족사, 114쪽.

21. 김성규(2018), 「계율의 제정」, 『통섭불교』 2018년 1월호, 38-39쪽.

22. 김성규(2018), 「계율의 제정(2)」, 『통섭불교』 2018년 3월호, 32-37쪽.

23. 김성규(2018), 위의 글, 37쪽.

24. 강건기(1988), 「불교 공동체로서의 승가의 의미」(「사분율」 43), 『언론문화연구』 제6집, 38쪽.

25. 서산대사(1984), 『선가귀감』, 선학간행회 옮김, 용화선원, 94쪽과 96쪽. "계학은 도둑을 잡는 것이고, 정학은 도둑을 묶어 놓는 것이고, 혜학은 도둑을 죽여 버리는 것입니다. 여기서 도둑은 번뇌를 말합니다. 또한 계의 그릇이 온전하고 견고해야 선정의 물이 맑게 고이고, 따라서 지혜의 달이 나타나게 될 것입니다"라고 말하고 있다.

26. 히라카와 아키라(平川彰)(2003), 『원시불교의 연구』, 석혜능 옮김, 민족사, 351쪽.

27. 히라카와 아키라(平川彰)(2003), 위의 책, 32쪽.

# 4

## 인공지능 시대,
## 새로운 가족은 어떤 모습일까?

이현지

# 1. 인공지능 시대 가족에 대한 단상

인공지능 시대에 가족은 어떤 의미를 가질까? 인류는 태초부터 형태는 달랐지만 가족을 이루고 공동체를 유지하면서 살아왔다. 엄밀히 말해서, 현재까지 인류가 가족이라고 규정하는 공동체를 선택하지 않았다면 인류는 존속하지 못했을 것이다. 가족이라는 공동체를 근간으로 하는 종족의 번식과 재생산이 인류를 오늘날까지 존속하도록 했다. 그런데 최근에 이르러서는 가족 개념에서부터 새로운 정의가 시도되어야 할 만큼 큰 변화의 징조가 감지되고 있다.

그 이유는 현재 인류가 맞이하는 인공지능 시대는 새로운 삶의 물적 기반을 제공할 것이며, 그로 인한 삶의 변화는 지금까지 인류가 신봉하던 유한한 생명이라는 경계를 넘어설 수도 있기 때문이다. 이러한 변화는 가족의 개념에도 영향을 미칠 것이다. 지금까지 혈연 중심의 가족을 넘어서는 다양한 형태의 공동체를 가족의 범주에 포함할 것인가에 대한 논란이 있었다.

이제는 그 경계를 훌쩍 뛰어넘어서 인공지능이 가족 구성원이 될 수 있는지, 그러한 변화 아래에서도 인류는 가족이라는 공동체를 이루고 그것에 가치를 부여하는 삶을 선택할 것인지, 인공지능 시대의 인류에게 가족이 의미를 가진다면 가족에 대해서 어떤 비전을 가져야 할 것인지 등을 질문하고 답을 찾아보아야 한다. 그러나 인공지능 시대의 가족에 대한 논의는 그다지 풍부하지 않다. 인공지능 시대가 현재 진행되고 있으며, 시대 변화의 징후가 드러나고 있지만 현재를 지배하는 현대적인 관점을 쉽게 벗어나지는 못하고 있다.

인공지능 시대와 가족에 대한 논의는 인공지능 시대의 발전 수준을 약한 인공지능의 실현으로 보느냐 강한 인공지능의 출현까지 포함하느냐에 따라서 그 전망이 달라진다. 최근 논의는 주로 약한 인공지능이 가족의 영역에 유입되는 것에 초점을 맞추고 있다. 제4차 산업혁명 시대의 가족생활에 대해서 최새은(2017)은 다음과 같은 질문을 한다. "가족의 기능을 '보편적으로 평등하게' 대체할 수 있는가?", "관계의 상호성은 어떻게 확보될 수 있을까?", "초지능성 시대에 미래 세대는 무엇을 할 것인가?", "속도의 시대를 가족은 어떻게 살아갈 것인가?", "융합의 시대, 공(公)과 사(私)의 경계는 유효할 것인가?" 등이다.[1]

이상의 질문에 대해서 연구자는 다음과 같이 답하고 있다. 제4차 산업혁명 기술이 가족 기능을 대체하는 것의 비용부담의 문제를 고려해야 하고, 가족과 달리 인공지능과 인간은 상호성이 결여된 관계의 한계를 드러낼 것이며, 미래 세대는 세심하고 미묘한 의미 규정이 중요한 부사(副詞)의 시대를 살 것이고, 시간의 지속성과 축적성이 의미를 가지는 가족에게는 가족 구성원들의 각기 다른 시간을 조율하고 지속시키는 노력이 요구되며, 공(公)과 사(私)의 경계 약화로 가장 사적인 가족이 공공성을 갖추는 방향으로 나갈 것이라고 한다.

위의 논점을 살펴보면, 가족 기능을 대체하는 비용의 문제, 인공지능과의 일방적인 관계, 초지능 시대의 미래 세대의 일, 시간의 양과 질을 떨어뜨리는 초연결성의 사회, 융합의 시대와 공사의 경계 약화 등을 문제로 다루고 있다. 오늘날 인류의 가시권에 포착된 인공지능 시대와 가족의 현실을 고려하면, 이러한 논점은 수긍할 수 있는 문제의식이라고 할 수 있겠지만 이 질문과 답은 여전히 현대 사회라는 틀에 갇혀서 가족을 바라보는 것이다.

인공지능 시대의 본격적인 실현은 인류가 가족에 대해 새로운 기대와 의미를 부여할 기회를 제공할 것이다. 여기서는 인공지능 시대의 탈현대 가족의 모습을 중심으로 새로운 비전을 모색해 보고자 한다. 노동력이 삶의 질을 결정하는 중요한 수단이었던 전현대 사회에서 가족의 규모와 공동생활은 중요한 의미를 가졌었다. 그 후 일자리를 찾아서 도시로 이주가 불가피했던 현대 사회에서 가족의 규모는 작아졌고 개인적인 삶을 존중받기 위해서 현대인들은 공동체로부터 방해받지 않는 공간과 삶의 방식을 원하면서 가족은 위기를 맞았다. 그러나 이때의 위기는 가족 자체의 위기라기보다는 현대 가족의 위기이다. 현대 가족의 모습은 그런 위기감이 커질 수 있는 빌미를 많이 제공하고 있다.

청소년이 말하는 휴대전화가 생겨서 가장 불편한 점, 전화가 온다. 잔소리 전화가 온다.

고교생 2명 중 1명, 집에서 대화 시간 30분 미만.

청소년 5명 중 1명, "엄마, 아빠는 나를 이해 못 한다."

부모가 자녀에게 가장 상처받는 말, "엄마, 아빠와는 말이 잘 안 통해요."

"바쁘기도 하고 말만 하면 싸우니까 피곤해서 자꾸 피하게 됩니다."

부부 3쌍 중 1쌍, 하루 30분도 대화를 하지 않는다.

막상 시간이 있어 같이 있게 돼도 딱히 할 말이 없어요.

한 조사에 따르면, '내가 어려울 때 가장 의지하고 싶은 사람', 1위 가족.[2]

위의 인용문은 〈조용한 가족〉의 자막이다. 5분짜리의 짧은 이 영상은 현대 가족의 모습을 있는 그대로 그리고 있다. 가족공동체에 속해 있다면 정도의 차이는 있지만, 누구나 쉽게 수긍할 수 있는 가족의 모습이다. 가족은 서로 사랑한다는 이유로 상처가 될 정도의 공격적인 말을 하기도 하고 끝없이 간섭하려고 한다. 하지만 서로의 일상생활을 온전히 노출할 수밖에 없기 때문에 서로 존중하기가 쉽지 않다. 그럼에도 불구하고 사람들은 누구나 가장 의지하고 싶고 위로받고 싶은 사람은 가족이라고 답한다. 다수의 사람들이 삶의 에너지를 충전하는 곳이 바로 가족이다.

가족 구성원은 다른 세대와 성별로 구성되어 있으며, 가족 내 역할에 따라서 가족에 대해서 가지는 기대도 달라진다. 특히 오늘날 가족은 시대는 변화했음에도 불구하고 과거의 가족관을 넘어서지 못하고 새로운 비전을 가지고 있지 못하다. 인공지능 시대가 본격화되면, 인류는 현대 사회와는 사회구조적인 상황이 완전히 변화한 새로운 시대를 맞이할 것이다. 인공지능 시대가 선사할 노동으로부터의 자유는 인류에게 새로운 삶의 실현을 가능하게 해 줄 것이다. 물론 노동으로부터 자유는 일자리 상실이라는 두려운 현실로 인식되고 있기도 한다. 분명한 점은 경제적 공동체로서의 가족의 기능은 급속도로 약화될 전망이다. 인공지능 시대가 본격적으로 실현되면서 가족은 이전 시대와는 완전히 다른 모습이 될 것이다.

가족이 발생한 이래, 시대가 변화할 때마다 가족학자들은 끊임없이 가족의 위기를 경고해 왔다. 비슷한 맥락에서 인공지능 시대의 도래와 가족의 위기를 예측하는 관점도 팽배하고 있다. 반면, 인공지능 시대에는 혈연에 관계없이 어떤 형태로든 공동체에 속해서 연대감을 느끼고 싶은 사람들이 자유로운 삶을 추구하면서도 가족이라는 울타리를 선택할 가능성도 있지 않을까? 누구에게도 자신만의 삶을 방해받고 싶지 않지만, 누구와라도 삶을 공감하고 싶은 바람이 그런 선택의 바탕이 될 것이다.

인류가 현명한 판단으로 협력하고 공유하는 인공지능 시대를 실현한다면, 그 시대에는 누구나 원한다면 자신만의 공간을 확보할 수 있고 물리적으로 공간을 공유하지 않더라도 정서적으로 공감할 수 있는 조건을 가질 것이다. 따로 머물지만 함께하는 것보다 더 긴밀하고 친밀한 삶을 실현할 수 있다. 또한 개별적인 삶을 존중받으면서도 정서적으로 함께 살기를 체험할 수 있도록 인공지능 시대의 기술은 새로운 삶의 차원을 열어 줄 것이다.

그런 의미에서 현대 사회에서 1인 가구의 증가는 가족의 해체를 설명하는 근거가 될 수 있었지만, 인공지능 시대의 기술적인 변혁을 이룬 탈현대 사회에서 가족의 규모는 특별한 의미를 가지지 않는다. 미래에 맞이할 공동체는 지금과는 달리 공간을 초월하고 경제단위를 초월할 것이다. 어떤 의미에서 전 인류는 우주라는 큰 공간을 나누는 삶을 사는 셰어하우스(Share house)를 실현하고, 구성원도 인간을 넘어서 포스트휴먼까지 포섭할 것이다.

## 2. 시대의 변화와 가족의 변화

시대에 따라서 가족의 기능과 역할은 다양하게 변화해 왔다. 전현대 사회와 현대 사회 그리고 탈현대 사회의 가족의 성격을 살펴보면, 현대 사회의 세계관은 전현대 사회의 문제를 극복하기 위한 방향으로 변화했다. 마찬가지로 탈현대 사회는 현대 사회의 문제를 넘어서기 위한 새로운 세계관으로 구성되어야 미래를 논할 수 있을 것이다.

특히 현대 사회에서 탈현대 사회로의 변화는 인류가 어떤 선택을 하느냐에 따라서 미래는 달라질 수 있다. 이러한 변화는 인공지능 시대의 실현으로 더욱 가시화되고 있다. 인공지능 시대가 초래할 사회구조의 변화가 크기 때문에 더욱 그러하다. 인류에게 있어서 미래에 대한 예측은 언제나 불투명한 것이었다. 특히 인공지능 시대의 도래로 인한 사회 변화를 예측하기는 더욱 그러하다.

현대 사회가 전현대 사회를 극복하기 위해서 근본적인 변혁을 추구한 것처럼, 〈표 1〉에서 그리고 있는 탈현대 사회의 가족은 자연스럽게 오는 것이 아니라, 현대 가족의 문제를 넘어서려는 근본적인 변혁을 추구할 때 가능하다. 〈표 1〉에서는 전현대 사회와 현대 사회의 가족의 시대적 변화를 살펴보고, 인류가 만들어 나가야 할 탈현대 사회 가족의 성격을 기획해 보았다.

〈표 1〉 시대별 가족의 성격 변화

| | 전현대 사회 | 현대 사회 | 탈현대 사회 |
|---|---|---|---|
| 사회 성격 | 농경사회 | 산업사회 | 인공지능사회 |
| 가족의 기능 | 기능이 포괄적이고 다양함(종교적, 정치적, 교육적, 경제적 등) | 전현대 사회의 가족과 비교할 때 기능이 약화되고, 경제적 공동체와 정서적 공동체의 역할이 주를 이룸 | 탈현대 사회의 가족은 주로 수행공동체로서의 기능을 담당함 |
| 가족관계의 목표 | 가족이라는 공동체의 유지와 사회체제에 기능적으로 적응하는 것임 | 개인의 욕망이나 욕구 충족에 기여할 수 있는 가족생활을 영위하는 것임 | 수행과 낙도(즐거움을 함께 누림) |
| 가족관계의 방식 | 부자관계 및 부부관계가 권위적이고 위계적임 | 수평적인 부자관계 및 부부관계를 지향함 | 모든 가족관계가 사랑의 관계를 지향함 |
| 가족의 형태 | 대가족 형태 | 핵가족 형태 | 다양한 형태의 가족 |
| 가족관계의 중심 | 부자관계 | 부부관계 | 가족 구성원 모두 |
| 남녀관계의 지향 | 위계적이고 순종적인 관계 | 평등한 관계 | 도반의 관계 |
| 가족의 행복 | • 다자녀<br>• 결혼과 출산 등 가족의 기능을 다함 | • 경제적 성공<br>• 가족 구성원들의 사회적 성공<br>• 현대적인 욕구 충족 | • 사랑을 나누는 가족의 존재<br>• 가족의 정서적 지지<br>• 수행공동체의 실현 |
| 가족 여가 | 가족 공동의 여가문화가 형성되지 않음 | • 현대화가 심화될수록 가족 여가에 대한 관심이 증감함<br>• 가족 여가의 내용은 소비적이고 상업적인 것들이 주를 이루고 있음 | • 수행공동체[3]<br>• 낙도(樂道)공동체 |

## 1) 가족의 기능

시대 변화와 함께 가족 기능은 점진적으로 약화되고 있다. 전현대 사회의 가족이 담당하는 다양한 역할은 전문 사회기관에서 담당하게 되었다. 대표적인 예로 전현대 사회에서 가족이 구성원의 교육의 많은 부분을 담당해 왔으나, 현대 사회에 이르러서는 교육의 대부분은 전문 교육기관에서 담당했다. 시대 변화로 인한 사회기능이 세분화되면서 가족이 담당하던 다양한 기능은 전문 사회기관에서 담당하게 되고, 가족은 정서적인 공동체로서의 기능을 집중적으로 수행하게 되었다.

인공지능 시대의 가족의 경우, 산업사회에서 가족이 주로 담당하던 경제적 공동체로서의 기능과 정서적 공동체로서의 기능 가운데 경제적 공동체로서의 역할은 매우 약화될 것으로 보인다. 인공지능 시대의 경제체제는 경쟁적인 자본주의체제를 넘어서는 공유 경제체제로 변화할 것이다. 오늘날의 경쟁적인 자본주의체제를 극복할 수 있는 공유 경제체제가 안착하지 못한다면 가족의 미래뿐만 아니라 인류의 미래는 없다고 해도 과언이 아닐 것이다. 이러한 상황을 고려하면, 공유 경제체제가 실현된 탈현대 사회에서는 가족에게 경제적 공동체로서의 기능은 더 이상 의미를 가지지 않을 것이다.

그렇다면 가족이 담당하던 대부분의 기능을 상실한 인공지능 시대의 가족은 어떤 기능을 담당하게 될까? 인공지능 시대라는 사회구조적 성격을 고려한다면, 가족은 오늘날의 개념 규정으로 설명되는 '혼인, 혈연, 입양 등으로 이루어지는 집단'을 초월할 것이다. 이 시대에 인류는 혼인, 혈연, 입양을 통해서 종족을 번식하는 집단으로서 가족의 기능에 제한되지 않을 것이다.

이와 같이 기존의 가족에 대한 개념 정의를 뛰어넘는 집단을 논의하면서, 여전히 '가족'이라는 용어를 사용하는 것은 한계가 있다. 그럼에도 불구하고 인류의 삶에서 가족이 차지하던 성격이 새로운 시대에 어떻게 변화하는지를 조명하는 데 초점을 맞추기 위해서 새 용어를 정의하고 고찰하는 것을 여기서는 생략하기로 한다.

가족의 기능에 초점을 맞추어 보면, 인공지능 시대의 가족은 물질적으로 풍요롭고 노동으로부터 자유로워진 인류가 존재의 의미를 찾고 삶의 의미를 키워 주는 기능을 하게 될 것이다. 이러한 기능을 담당하는 가족을 바로 수행공동체라고 할 수 있다. 수행공동체로서의 가족은 그 무엇보다도 가족 구성원의 수행을 핵심적인 목표로 삼는다.


## 2) 가족관계의 목표

가족관계의 목표는 전현대 사회에서는 가족의 유지였다. 현대 사회에 이르면 가족을 통한 구성원들의 욕구 충족이 중심이 되었다. 전현대 사회의 사회 성격은 농업이 경제활동의 중심이었다. 이러한 사회에서는 조상들로부터 전해오는 전통적인 농업 지식을 전수하고 공동체를 통해서 농업 노동력을 확보하는 것이 중요한 의미였다. 따라서 가족관계의 목표 또한 가족이라는 집단을 잘 유지하는 것이었다. 이러한 이유에 의해서 전현대 사회의 가족 형태는 대가족이 주를 이루었다.

반면 현대 사회에서는 산업화가 진행되면서 공업 중심의 사회가 구성되고, 공업화와 도시화가 본격적으로 추진되었다. 공업화와 도시화에 의해서 사람들은 일자리를 찾아서 농촌에서 도시로 이동하고 자연스럽게 가족 규모는 축소되었다. 이로 인해서 지역공동체는 약화되고 개인주의는 강화되는 경향이 나타난다. 개인주의 경향은 자본주의 경제체제와 결합하면서 개인의 욕구와 욕망에 주목하도록 했다. 그 결과 현대 사회에서 가족 또한 가족 구성원의 욕구를 충족시키는 것이 관계의 중요한 목표가 되었다.

탈현대 사회에 이르면 가족의 목표는 무엇이 될까? 앞의 전현대 사회와 현대 사회의 가족 목표는 지금까지의 역사적인 가족의 모습에서 분석해 낸 것이라면, 탈현대 사회의 가족 목표는 미래 사회구조의 물적 토대를 예측하면서 지향해야 할 가족 목표의 비전을 수립하는 것이다. 즉, 탈현대 사회의 가족, 즉 인공지능 시대 가족은 어떤 가족 목표를 추구해야 하는 것일까에 대한 답을 모색하는 것이다. 여기서는 탈현대 사회의 가족 목표를 가족 구성원들의 존재적 차원의 가치를 발견할 수 있는 수행공동체가 되는 것에 주목할 것이다.[4]


### 3) 가족관계의 방식

가족관계의 방식 또한 시대에 따라 변화한다. 전현대 사회에서는 가족관계가 연령 및 남녀에 따라서 권위적이고 위계적인 질서를 가지고 있었던가 하면, 현대 사회에서는 수평적이고 평등한 관계를 추구했다. 그러나 탈현대 사회에 이르면 가족관계는 상호 조화와 균형을 추구하게 된다. 이런 변화가 남녀관계의 변화에 직결된다.

〈표 1〉과 같이 시대에 따라 가족 형태가 변화하고, 가족관계의 중심도 전현대 사회의 부자관계에서 현대 사회에는 부부관계로 변화한

다. 탈현대 사회에는 다양한 가족의 형태가 나타나기 때문에 가족관계의 특별한 중심이 있는 것이 아니라 각자가 가족의 중심이면서 동시에 가족의 구성원으로서 유기적인 연관 관계를 가진다.

### 4) 가족의 형태

노동력이 중요한 의미를 가지던 농경사회에서 가족은 대가족 형태가 일반적이었다. 대가족은 전현대 사회의 가족이 담당하던 다양한 기능을 수행하기에 유리한 조건을 가지고 있다. 다양한 세대가 결합한 대가족은 자연스럽게 교육의 장이 되기도 했고, 가족 내 세습되는 전통과 관습은 종교적인 기능을 했고, 친족 내 위계질서는 마을 공동체의 정치적인 영역에도 기능을 했으며, 노동력이 자산이 되었던 농경사회에서 노동력을 공유하는 공동체는 경제공동체로서 기능을 했다.

산업화 이후, 이동이 용이해야 하는 산업사회에서 핵가족 형태가 보편적인 가족 형태로 자리 잡게 된다. 핵가족 형태에서는 대가족보다는 개인의 삶에 관심을 기울이고 개인적인 욕구와 취향을 존중하는 경향이 강해진다. 현대 사회가 본격화되면서 현대 가족은 가족중심주의 혹은 가족이기주의의 문제에 직면한다.

탈현대 사회가 되면, 가족 형태는 더욱 다양해질 것으로 예측할 수 있다. 인공지능 시대는 시공간의 제약에 영향을 받지 않기 때문에 기존의 사회에서 가족이 공간을 공유하고 함께 시간을 보내는 것으로 그 의미를 확인하던 것과는 달라질 것이다. 인공지능 시대에 실현될 시공간으로부터 자유는 가족 형태를 급격하게 변화시킬 것이다. 물리적으로 공간과 시간을 공유하지 않더라도 가상공간이나 인공지능을 활용하여, 사람들은 함께하는 것과 같은 친밀감과 정서적 교류를 체험할 수 있기 때문이다.


### 5) 가족관계의 중심

전현대 사회에서 가족관계의 중심은 부자관계였다. 노동력을 재생산하고 종족을 번식하는 것이 최우선의 가족 목표였기 때문에 가족관계에서 가부장적인 권위의 존속은 자연스러운 결과였다. 이러한 가족관계 아래에서 남성과 여성의 관계는 위계적이고 순종적인 모습으로 나타났다. 이때 가족 구성원은 가부장의 권위에 복종하고, 가족 공동체의 주된 관심은 가족이라는 집단을 유지하는 것이었다.

그런가 하면, 현대 사회의 핵가족에서는 부부 관계가 가족의 중심으로 대두된다. 사랑하는 남녀가 만나서 이루는 현대 가족은 평등한 부부관계를 지향한다. 부자관계 중심에서 부부관계로 가족관계의 중심이 이동한다. 전현대 가족관계에서 나타나던 연령 및 성별에 따른 위계적이고 권위적인 성격은 약화된다. 현대 사회에서 부부관계가 중심이 되면서, 가족생활에서 부부의 사랑이 중요한 요소로 작용한다. 원만한 부부관계를 유지하고, 가족이 사랑의 관계를 유지하는 데에 현대적인 욕망이나 욕구가 얼마나 충족되는지가 영향을 미친다.

그런데 탈현대 사회가 실현되면 가족관계의 중심은 사라지고 모든 가족 구성원이 인다라망(因陀羅網)의 보석 하나하나가 그물코에 걸린 것처럼 각자가 중심이면서 동시에 유기적으로 연결된 구조를 가지게 될 것이다. 인공지능 시대의 변화할 사회의 물적인 기반은 가족이 수행공동체로서의 목표를 수립할 수 있도록 할 것이며, 인류 문명의 지속을 위한 사람들의 선택은 수행공동체를 목표로 함으로써 가능해질 것이다. 이러한 시대의 가족관계의 중심은 가족 구성원 각자라고 할 수 있으며, 남녀관계는 진정한 사랑을 실현하는 도반의 관계라고 말할 수 있다.

### 6) 가족의 행복

가족의 행복을 결정하는 요소도 시대에 따라 변화한다. 각 시대별로 가족이 목표로 하는 것이 잘 달성되고 기능을 잘 수행할 때 가족의 행복이 실현되기 때문이다. 전현대 사회에서는 가족 구성원의 재생산과 확대가 원활하게 실현될 때 가족은 행복을 공유했다. 다산(多産)은 풍부한 노동력을 가족이 확보하는 방법이었음과 동시에 안정적으로 세대를 잇는 방법이었기 때문에 전현대 가족에게 있어서 가장 중요한 행복의 실현이었다.

현대 사회에서는 가족 구성원의 사회·경제적 성공이 행복의 관건으로 부각되었다. 이때 가족 구성원의 사회·경제적 성공이란 현대적인 가치를 실현하는 것으로 부와 명예, 지위 등을 얻는 것을 말한다. 현대적인 욕망과 욕구가 충족되는 순간 가족이 행복을 공유하기도 하지만, 이것을 상실할 때 가족이 파괴되는 불행에 직면하기도 한다. 현대적인 욕망과 요구는 충족하고자 노력하면 할수록 그것의 노예가 되기 십상이고, 충족되는 것이 쉽지 않기 때문에 불행이 커지기 십상이다.

반면, 탈현대 사회에서는 다산(多産)이나 욕망과 욕구의 충족 등은 더 이상 가족의 행복으로서 의미를 가지지 못한다. 인공지능 시대라는 놀라운 기술력의 시대에는 출산이나 욕망이나 욕구의 충족은 이전의 사회구조에서와 다른 차원을 제공할 것이다. 출산이나 욕망과 욕구를 충족시키는 일로부터 사람들은 자유로워진다. 그렇다면 행복을 어디에서 찾을까? 인공지능 시대 가족이 수행공동체라는 기능을 딤딩하게 된다면, 이때 가족은 진정한 사랑의 공동체로서 역할을 할 때 행복하다. 즉 가족 구성원이 참나를 발견하고 존재의 변화를 실현할 때 가족의 행복이 극대화된다.

## 7) 가족 여가

시대가 변화하면서 가족 여가도 다른 의미를 가진다. 전현대 사회에서 가족 여가는 특별한 의미를 지니지 않았다. 생존을 위한 물적인 토대가 약한 사회에서 여가는 유산자만이 누릴 수 있는 것이었다. 따라서 전현대 사회의 지배계층은 가족을 단위로 다양한 형태의 여가를 섭렵했다. 사냥, 시, 음악, 춤, 그림, 연회 등 다양한 여가를 향유했다. 그러나 피지배계층에게 여가란 노동과정에서의 놀이와 휴식 외에 언급할 수 있는 것이 없다. 특히 가족을 단위로 하는 여가의 공유를 논의하려면 한계가 분명하다.

현대 사회에 이르면, 가족 여가가 가족생활의 중요한 키워드로 등장한다. 그러나 현대 가족 여가의 내용은 대부분 상업적이고 소비적인 것들이 주를 이루고 있다.[5] 현대 사회 가족은 가족이 함께 즐기는 여가에 관심을 기울일 수 있는 사회적인 조건을 마련했다. 힘들게 일이 없는 남는 시간을 확보하고 그것을 가족과 함께 보내고자 하는 의지도 비교적 높은 편이다. 오늘날 청년세대는 높은 연봉보다는 삶이 여유로운 직업인가에 더 관심을 가지는 경향이 나타나고 있다. 현대가족의 여가는 여행, 영화, 외식, 쇼핑, 레저 등 시간을 무엇으로 소비할 것인가에 집중되어 있다.

그렇다면 인공지능 시대의 가족 여가는 어떤 모습일까? 인공지능 시대에 이르게 되면 노동은 삶의 중심에서 물러나고 여가가 중심을 차지하게 될 것이다. 여가가 중심이 되는 삶에서 가족이 어떤 여가를 공유할 것인가는 중요한 요소로 대두할 것이다. 앞서 논의한 대로, 인공지능 시대 가족이 수행공동체의 기능을 담당한다면, 가족이 공유하는 여가는 수행을 통한 낙도(樂道)가 될 것이다. 인공지능 시대의 가족은 새로운 하드웨어와 소프트웨어를 구축하고 새롭게 탄생할 수 있다. 다음 장에서는 인공지능 시대 가족이 어떤 모습으로 업그레이드가 가능할지 살펴보자.

## 3. 인공지능 시대와 가족의 업그레이드

　인공지능 시대로 일컬어지는 시대상의 변화는 기술적 하부 구조의 변화가 가족의 목표, 가족의 형태, 가족의 역할, 가족 제도 등의 변화를 초래할 것이다. 이러한 영향은 산업혁명의 초기에 가족이 겪었던 변화와 같은 혁신의 수준이다. 산업혁명으로 인한 기계의 도입은 이전 시기의 대가족 중심의 가족 형태에서 핵가족 중심으로 변화를 초래했으며, 토착적인 농촌 중심의 가족생활에서 유목적인 도시 중심의 삶으로 변화를 초래했다.

　그렇다면 과연 인공지능 시대의 도래는 가족에게 어떤 영향을 미칠 것인가? 이에 대해서, 예측하고 대비하는 것은 인공지능 시대를 맞아야 할 가족사회학이 피할 수 없는 의미 있는 논점이라고 할 수 있다. 현대 사회의 가족이 직면하고 있는 다양한 문제적 상황을 고려하면 이러한 문제가 해소될 인공지능 시대는 새로운 가족의 출현이 가능한 물적 기반을 가지고 있다.

　가족은 자본주의체제라는 현대 사회의 가치와 정면으로 충돌하는 면이 있다. 자본주의체제란 생산수단인 자본을 소유한 자본가가 이윤을 추구하는 생산 활동을 할 수 있도록 보장하는 사회이다. 자본주의체제는 이윤 추구를 목표로 하는 사회체제이다. 반면, 가족이란 경쟁이나 이익 추구 등의 자본주의체제와는 부합하지 않는 사랑의 공동체이다.

이런 이유에서 가족은 현대 사회를 지배하고 있는 자본주의체제와 정면으로 충돌하는 면이 있다. 반면, 현대 사회의 가족은 자본주의의 영향으로 인해 원래의 가족의 목표와 기본 원리에는 위반하는 자본주의체제의 일부로서 변질된 특징을 가지고 있다. 즉, 현대 사회의 가족은 사랑의 공동체라는 본질이 약화되면서 자기 소외 현상을 겪고 있다. 사랑의 공동체로서의 성격보다 개인의 욕구와 욕망 충족의 도구로서 가족에 대한 기대가 문제로 표출되기도 한다. 소외된 가족은 가족 해체와 가족 갈등 등의 문제에 노출된다. 이와 같은 현대 사회의 가족에게 인공지능 시대라는 물적 기반의 변화는 현대 가족이 직면하는 문제를 극복하고 새로운 가족으로의 기반을 제공해 줄 것이다.

인공지능 시대에 가족은 어떤 변화에 직면하게 될까? 인공지능 시대의 가족은 완전히 새로워질 것으로 예측된다. 인공지능 시대는 새로운 물적 기반을 인류에게 제공할 것이므로, 인류의 삶의 양상은 변화할 수밖에 없다. 인공지능 시대 가족의 변화상을 살펴보기 위해서, 현대 가족의 구성 원리를 먼저 진단해 보자.

현대 가족은 성과 사랑을 토대로 구성되는 혈연공동체이며, 가족은 가사노동을 주축으로 하는 삶의 기반을 공유하는 공동체이고, 경제적 협력을 토대로 하는 보살핌의 공동체이다. 인공지능 시대의 물적 기반은 현대 사회 가족의 구성 원리를 넘어서 다음과 같은 가족의 변화를 예고하고 있다. 이를 구체적으로 살펴보면 다음과 같다.

첫째, 혈연공동체를 넘어 삶의 가치를 공유하는 집단으로서의 가족의 변화를 예측할 수 있다. 가족은 부부를 중심으로 하는 친족 관계에 있는 사람들의 집단 또는 그 구성원을 지칭하며, 혼인, 혈연, 입양 등으로 이루어지는 공동체이다. 이러한 가족의 개념 규정에 의해, 혈연공동체는 가족의 대명사로 인식되어 왔다.

혈연공동체로서의 가족이라는 관점에서 가족의 변동에 대한 논의는 활발하게 이루어져 왔다. 현대 사회에 이르러 일반적으로 전형적인 가족 형태로 인식하고 있는 부모세대와 자녀를 구성의 근간으로 하는 핵가족의 비중이 오늘날 그리 높지 않은 것으로 나타나고 있으며, "직계가족의 형태인 2세대, 3세대 가족은 지속적으로 감소하고 있으며, 1인 가구나 비정형 가구는 크게 증가하고 있다."[6]

최근 한국 사회에서는 1인 가구 비중이 다른 어떤 형태의 가구보다 높은 비중을 차지하고 있다. 2016년 9월 7일 통계청이 발표한 '2015 인구주택총조사'에 따르면, 1명으로 구성된 '나 홀로 가구'의 비중이 27.2%로 1위를 차지했다. 그 다음으로 2인 가구(26.1%), 3인 가구(21.5%), 4인 가구(18.8%), 5인 이상 가구(6.4%) 순으로 나타났다. 1990년부터 2005년까지 가장 주된 가구 유형은 4인 가구였던 것에 비해서, 2010년 이후에는 2인 가구가 대세를 유지하다가, 2016년에 1인 가구가 그 자리를 차지했다.[7]

이러한 변화를 통해서, 가족을 혈연공동체라고 단정하기는 힘든 면이 있다. 변화된 가족의 현실을 보여 주는 1인 가구의 증가와 함께 2인 이상의 가구의 구성원도 혈연을 바탕으로 한다고 규정하기는 힘들다. 가구란 현실적으로 주거 및 생계를 같이하는 사람의 집단을 지칭하고 있는데, 이미 오늘날 가구의 구성원도 매우 다양한 관계를 근거로 형성되고 있다.

2006년 개봉한 김태용 감독의 〈가족의 탄생〉이라는 영화는 "'남녀가 사랑하고, 결혼하고, 집안과 집안이 만나고, 새로운 아기가 태어나고'와 같은 일반적인 가족의 탄생 과정과는 거리가 먼, 피 한 방울 안 섞인 사람들의 얽히고설킨 관계"를 주제로 다루었다. 현대 가족의 현실을 엿볼 수 있는 주제이며, 오늘날 가족의 다양성이 확대되었다는 점에는 누구나 동의할 수 있는 바이다.

현재 가족은 시대상의 변화에 의해, 혈연공동체라는 특징을 넘어서 거듭나고 있다. 다양한 형태의 주거공동체 혹은 공동육아를 위한 생활협동조합 등이 가족의 정서적인 기능을 대체하면서 혈연가족보다 더 친밀한 공동체의식을 공유하기도 한다. 이들에게는 삶의 현실에서 해결해야 할 생활문제를 공유한다는 현실적인 이유가 있고, 삶의 가치를 공유한다는 공감대가 바탕이 되고 있다.

둘째, 성과 사랑을 토대로 하는 삶의 도반으로서의 가족관계를 지향할 수 있다. 남성과 여성의 이성애적 사랑에 기반을 둔 가족이 갖는 한계는 이혼의 증가로 가시화되고 있다. 현대 가족은 성과 사랑을 토대로 형성되고, 낭만적인 성과 사랑의 신화를 실현하는 것으로 부부관계를 평가하려고 한다. 자본주의체제에서 교환과 거래로 전락할 수 있는 결혼에 판타지를 부여하고 이성애의 제도적 안정장치로 결혼제도를 유지해 사회 안정을 추구하고자 하는 논리가 작동하고 있다.

현대 가족을 부부 중심으로 분석할 때, 성과 사랑은 중요한 요소가 되며 부부의 성과 사랑이 가족 구성의 주요한 원리로서 의미를 가진다. 현대 사회의 가족에서 중심적인 관계는 여전히 부부관계이다. 하지만 오늘날 부부관계에서 드러나는 갈등은 성과 사랑의 관계만을 중심에 두기 때문에 문제가 심화된다고 할 수 있다. 부부관계란 성과 사랑에 대한 욕망 충족의 대상을 넘어서는 삶의 동반자이며, 수많은 삶의 시련을 함께 헤쳐 나가는 도반으로서의 기능이 있기 때문이다.

부부의 성과 사랑의 관계만으로 가족을 인식하기에는 한계가 있다. 성과 사랑의 관계를 넘어서 도반으로서의 가족관계는 인공지능 시대와 같이 물적 기반이 확충되는 시기에 의미가 현실화될 수 있다. 인공지능 시대가 제공해 줄 물질적인 풍요, 노동으로부터 해방, 가족 재생산 노동으로부터 자유 등은 새로운 가족관계를 모색해 볼 수 있는 토대가 된다. 이때 가족 구성원이 추구하는 삶의 지향이나 삶의 궁극적인 목표에 도달하는 과정에서 도반으로서의 역할은 가족이 형성되는 결정적인 요소가 될 수 있다.

셋째, 인공지능 시대로의 변화에 따른 가족의 변화는 경제적 협력 집단을 넘어 여가 공동체로서의 가족에서 찾아볼 수 있다. 머독(G. P. Murdock)의 "가족이란 공동의 거주, 경제적 협력 그리고 생식이라는 특성을 가진 사회집단으로 성관계를 허용받은 남녀와 그들에게서 출생했거나 양자로 된 자녀로 구성된다"[8]는 고전적인 가족의 정의는 이미 퇴색되기 시작하고 있다.

정보통신기술이 우리의 일상성을 규정하고 지배하면서, 생활기회(life chance)와 생활양식(life style)에서 대변혁이 일어나고,[9] 동시에 이러한 변동은 인간의 삶의 중심인 가족구조와 가족생활양식의 변화를 초래한다. 독신의 증가, 1인 가구의 증가,[10] 출산율 감소, 성별을 넘어서는 동거 가구, 편부모 가족의 증가 등 가족의 변화는 가시화되고 있다. 동거부부, 동성커플, 대안양육공동체 등의 대안가족을 비롯해 다

양한 가족의 형태에 대한 법적·제도적 인정을 마련해야 한다는 연구도 있다.[11]

이러한 변화를 살펴보면, 경제적 협력집단으로서의 가족은 그 의미가 약화되고 있다. 현재 가족이 그러한 기능을 완전히 상실한 것은 아니며, 다수가 가족을 여전히 경제적 협력집단으로 인식하고 있는 것은 사실이다. 그러한 현실 속에서도 변화의 징후는 뚜렷이 드러나고 있다. 1인 가구의 비중이 지속적으로 증가하고 있는가 하면, 인공지능 시대가 본격화되면 기본소득에 의존하는 사회 구성원의 비중은 늘어날 것이다. 이 경우, 가족이 경제적 협력집단으로서 가지는 의미는 매우 약하다.

물론 경기침체로 인해 부모에게 의존적인 경제생활을 하는 청년층의 증가와 부모나 자녀를 부양하고 있는 가족의 현실을 완전히 간과하고자 하는 것은 아니다. 그렇다고 하더라도 가족을 가족답게 하는 구성 원리로 작동하는 주요 요소가 경제적 협력이 될 수 없는 인공지능 시대는 이미 실현되고 있다. 이제 여가를 공유하는 공동체로서의 의미가 강화되고 있다는 점에 주목하자.

리프킨(2014)은 생산기술의 발전에 의해 한계비용이 제로에 가까운 사회가 도래하고, 협력적 공유사회가 실현되는 변화에 주목했다. 이러한 사회가 도래하면, 기술과 경제가 삶의 중심에 있던 것과는 달리, 삶을 어떻게 풍요롭게 만들 것인지, 어떻게 삶을 향유할 것인지가 중심을 차지하게 된다. 대부분의 사람들이 일하지 않는 시간을 지금보다 훨씬 길게 갖게 될 것이고, 이 시간을 어떻게 보낼 것인지가 매우 중요한 삶의 문제가 된다. 이때 가족 또한 경제적 협력집단으로서의 의미는 약화되고, 삶의 중심이 된 여가를 어떻게 잘 즐길 것인지를 도

모하는 공동체로서의 역할을 담당해야 한다. 물론 여기서 말하는 여가는 시간과 삶을 소비하는 여가를 넘어서는 삶의 본질과 맞닿을 수 있는 여가를 말하는 것이다.

# 4. 인공지능 시대 가족의 선택,
무엇을 목표로 할 것인가

지금까지 가족의 목표에 대한 논의는 비전을 제시하기보다는 현재 드러나는 가족이 어떤 목표를 가지고 있는지를 분석하는 접근이 주를 이루었다. 그러나 새로운 시대를 맞이할 인류는 이제 가족의 목표에 대한 비전을 가지고, 목표를 추구하는 가족을 만들기 위한 노력에 관심을 기울여야 한다. 왜냐하면 인류의 삶을 획기적으로 변화시킬 인공지능 시대에 가족이 어떤 목표를 가지는가의 문제는 새로운 문명의 출현이냐 문명의 멸망이냐의 선택의 문제와 직결되어 있기 때문이다.

인공지능 시대 가족은 어떤 가족 목표를 가져야 할 것인가? 바로 수행의 장으로서의 가족이다. 왜 수행의 장으로서의 가족이라고 할 수 있을까? 인류의 현명한 선택으로 완성될 인공지능 시대는 인류에게 물적인 풍요를 선사할 것이다. 더 이상 경제적인 요소가 인류의 삶을 위협하지 않을 것이며, 생계를 목적으로 협력하는 공동체로서의 가족은 더 이상 의미를 가지지 않을 것이다.

인공지능 시대의 인류는 가족과 같은 공동체의 삶을 선택하지 않을 가능성도 있다. 그러나 인간의 존재란 '나'라는 개체가 존립하기까지 어떤 모양을 하고 있든 공동체와 완전히 분리될 수는 없다. 그리고 인공지능 시대에는 공동체를 선택한다고 하더라도 공간적인 제한을 받지 않고, 인공지능 기술을 활용한 다양한 형태의 가족공동체를 체감할 수 있는 인프라가 제공될 것이다. 예측할 수 있는 면은 가족이라 하더라도 혈연에 국한되지 않는다는 점이다. 인공지능 또한 가족이라는 공동체의 일원으로 다양한 방식으로 포섭될 것이다.

또한 인공지능 시대 이전의 가족과는 달리 이 시대에 가족이 공동체로서의 의미를 가지기 위해서는 구성원들이 공동체에서 무엇을 목표로 할 것인지에서 공동의 이념을 공유해야 할 것이다. 그런 의미에서 인공지능 시대의 가족은 수행공동체로서의 목표에 동의하고 공동체의 일원으로서 소속감과 연대감을 공유하는지가 중요한 가족의 요건으로 작용한다. 즉 가족의 목표에 대한 공동 인식이 가족 성립의 핵심적인 요소로 작용할 것이다.

탈현대 사회의 가족은 수행공동체로서의 가족의 정체성에 대한 공감대를 바탕으로 하는 공동체 의식을 확립하게 된다. 물론 이와 같은 탈현대 사회 가족의 성격에 대한 규정은 인류의 선택에 달려 있다. 인류의 미래는 탈현대 사회 가족의 비전은 수행공동체를 지향할 때 가능하다. 여기서는 수행공동체의 모델을 유교에서 탐색해 보고, 가족의 삶에서 어떻게 실천할 수 있을지를 진단해 보자.

여기서 그 해답을 유교의 수행에서 찾으려는 이유는 유가사상이 지닌 사회사상으로서의 강점 때문이다. 유가사상은 개인의 욕구나 욕망을 인정하면서도 욕구나 욕망을 초월하는 인간 존재의 의미를 밝히는 데 주목하고 있다. 이 점이 바로 유교의 수행이 사회에 발을 딛고서 이상적인 삶을 추구할 수 있는 이유이다. 그런 의미에서 여기서 관심을 가지고 있는 가족의 목표를 수립하고 달성하는 데 유가의 수행이 해답을 제공할 수 있을 것이다.

유교사상에서는 인간다움을 찾고 선한 본성을 실현할 수 있는 삶을 살기 위한 노력을 강조한다. 인간은 누구나 천부적으로 품부 받은 인간다운 본성이 있지만, 저절로 발현되는 것이 아니라 그것이 잘 발현될 수 있도록 수행해야 함을 말하고 있다. 그러므로 유학자들의 삶은 끊임없이 참나를 발견해 나가는 수행의 일상이다.[12] 유가적 삶의 근본은 자신을 바로 세우고, 도(道)와 하나가 되는 삶을 성실히 추구하는 것이다. 아래의 구절에 그러한 삶의 요체가 잘 표현되어 있다.

도(道)란 잠시도 떠날 수 없는 것이니 떠날 수 있으면 도(道)가 아니다. 그러므로 군자는 그 보지 않는 바에도 경계하여 삼가며 그 듣지 않는 바에도 몹시 두려워한다. 은(隱)보다 드러남이 없으며 미(微)보다 나타남이 없으니, 그러므로 군자는 그 홀로 삼가는 것이다.[13]

참나를 발견하고 본성을 회복하고자 하는 수행은 다른 사람의 눈이 있든 없든 궁구해야 한다. 자신을 바로 세우는 수행은 스스로를 좋은 사람으로 만드는 것에 그치는 것이 아니라, 이 세상을 좋은 세상으로 만드는 것으로 확대된다. 이때 유가적 삶에서 참나를 발견하는 출발점은 일상생활이었으며, 그것은 바로 가족이었다.

유교사상의 핵심 이념인 수신제가치국평천하(修身齊家治國平天下)는 그런 관점을 잘 보여 주고 있다. 수행을 통해서, 인(仁)한 본성을 발현하면 행복한 존재, 즉 사랑의 존재가 된다. 그런 사랑의 존재는 자기가 속한 공동체와 세상을 좋은 세상으로 만들 수 있다(이현지, 2015b: 479).
유교사상은 일상생활의 모든 영역에서의 수행을 강조하고 있으며, 일
상생활의 모든 곳이 수행의 장(場)으로 활용될 수 있다고 한다.

> 유교에서 가장 중요한 수행처는 가족생활의 장이다. 부자관계나 부부
> 관계의 모든 일상들이 수행을 위한 중요한 장이 된다. 특히 자녀들에게
> 있어서 부모에게 효를 다하는 것은 가장 중요한 수행의 영역이 된다. 효
> 의 수행은 자녀의 마음속에 인(仁)을 발현시키는 중요한 수행처가 되며,
> 이는 결과적으로 부모를 행복하게 하여, 가족이라는 중요한 삶의 영역
> 을 탈현대 사회로 바꾸어 가게 한다.[14]

수행의 장으로서 가족은 자신의 본성을 발견하는 장(場)이라는 새
로운 가족관계의 목표를 말한다. 전현대 사회의 가족은 '가족이라는
공동체의 유지와 사회체제에 기능적으로 적응하는 것'을 목표로 했
고, 현대 사회의 가족은 '개인의 욕망이나 욕구 충족에 기여할 수 있
는 가족생활을 영위하는 것'을 목표로 한 것과 구별된다.[15]
수행의 장으로서 가족에 대한 유교사상의 지혜는 현대 가족의 한
계를 극복하고, 인공지능 시대의 변화된 사회구조에 부합할 수 있는
대안으로서 의미를 가진다. 물론 인공지능 시대가 본격화될 때, 인류
가 가족의 목표를 무엇으로 삼을지에 대해서 단언하기는 쉽지 않다.
다만 유가사상의 가족에 대한 이해와 공동체 운영의 지혜를 추구하
는 것이 하나의 대안이 될 수 있다는 점을 제안한다.

# 5. 인공지능 시대 가족, 수행공동체로의 비약

    인공지능 시대 가족이 수행공동체의 길을 선택한다는 것은 가족이 새로운 공동체로 비약한다는 것을 의미한다. 수행공동체로서의 가족은 기존의 가족과는 질적으로 완전히 다른 가족이다. 수행이라는 공동의 목표를 지향점으로 하는 가족 구성원들이 물리적인 시간과 공간의 제약에 관계없이 서로의 수행을 돕고 참나를 발견함으로써 행복을 누리는 삶을 산다. 이들 가족생활의 일상은 매 순간이 도(道)와 하나가 된다.

    수행공동체로서의 가족의 모습은 도반(道伴)으로서의 가족관계와 낙도(樂道)로서의 여가공동체인 가족생활을 통해서 드러난다. 여기서는 도반이란 어떤 모습이며, 낙도는 무엇을 말하는 것인지에 대한 지혜를 유가사상에서 찾아볼 것이다.

## 1) 도반으로서의 가족관계

도반은 불교에서 함께 도(道)를 닦는 벗을 말한다. 여기서는 수행을 통해서 삶의 도에 다가가고자 하는 가족관계의 특징을 도반으로 보고, 유교사상 속에 나타나는 그러한 특징에 주목하고자 한다. 물론 전통적으로 유교사회에서 부부관계와 부모자녀관계는 권위적인 위계질서가 지배적으로 드러나는 관계로 설명되어 왔다. 유교사회에서는 가족관계의 권위적인 위계질서를 쉽게 발견할 수 있다. 그로 인한 관계의 폐단과 문제점을 간과하고자 하는 것은 아니다.

그러나 사회질서를 유지하기 위해서 세속화된 유교사회를 대상으로 분석할 때 드러나는 한계는 유교사상의 본래의 이념과는 구분할 필요가 있다. 이 글에서 주목하고자 하는 부분은 유교사상 속에 내포되어 있는 가족관계를 바라보는 현대 가족관계를 극복할 수 있는 사상의 요체이다. 유교사상에서 가족관계의 핵심적인 요체는『중용(中庸)』오륜(五倫)에 잘 나타나 있다.

> 맹자가 이르기를, 아버지와 자식은 친함이 있어야 하며, 임금과 신하는 의로움이 있어야 하고, 지아비와 부인은 구별이 있어야 하며, 어른과 아이는 순서가 있어야 하고, 친구 사이에는 믿음이 있어야 한다.[16]

위 구절은 봉건적 질서를 유지하는 강령으로 활용되어 온 바 있다. 따라서 오륜에서 현대 가족관계의 문제를 극복하는 지혜를 찾고자 하는 시도에 대해 부정적인 입장을 가질 수도 있다. 그럼에도 불구하고, 본래의 의미를 다시 새겨서 유교사상의 관계관에 대한 의미를 탐

색함으로써, 편견은 바로잡고 미래에 활용할 지혜를 발굴해 보자.

『중용』을 보면, 인간관계의 다섯 가지 유형에 대해서 지켜야 할 근본을 다루고 있다. 가족관계와 관련된 덕목을 중심으로 보면, 부자유친과 부부유별을 말하고 있다. 부자유친이란 부모는 자녀에게 사랑으로 대하고 자녀는 부모를 존경으로 섬겨야 함을 말한다. 부부유별은 서로 공경해야 함을 강조하고 있디. 이렇게 강조하는 이유는 그만큼 부자관계에서 부모는 진정한 사랑으로 자녀를 대하기 어렵고 자녀는 부모를 존경으로 섬기기가 어렵기 때문이다.

일반적으로 부모의 자녀에 대한 사랑은 자연스럽다고 생각하기 때문에 의문을 제기할 수도 있겠지만, 유교사상에 비추어 보자면 현대사회에서 부모가 자녀를 사랑하는 방식은 진정한 사랑이 아닐 수도 있다. 부모는 자녀를 자신의 소유물로 생각하거나 자기 자신과 동일시하여, 자신이 옳다고 생각하는 방법으로 양육하려고 한다. 이때 유일한 교육적인 방법이 자신이 바른 삶을 사는 본(本)이 되는 것임에도 불구하고, 자신의 삶을 잘 돌보지 않은 채 자녀의 삶의 방향만 잡아주려고 하는 경향이 드러난다.

자녀가 부모를 따르고 사랑하는 것은 쉬운 것 같지만, 자녀가 나이 들수록 부모를 진심으로 존경하고 섬기는 것은 실천하기 매우 어려운 일이다. 그래서 유가사상에서는 부자유친을 강조해야만 했을 것이다. 부모와 자녀는 매우 친하고 가깝게 지내라고 말한다. 그러나 친밀함을 이유로 서로를 자기 마음대로 움직이려고 하거나 부모와 자녀 관계의 도리를 파괴해서는 안 된다. 부모가 자녀에게 삶의 본을 보임으로써 강요하지 않아도 자연스럽게 삶의 지혜를 배우도록 하는 지혜를 말하고 있다.

부부유별을 강조하는 이유는 무엇일까? 부부는 너무나 가까운 사이이기 때문에 서로의 도리를 침범하기가 쉽다. 유가사상은 부부관계에서 가장 핵심이 되는 것은 서로에게 예(禮)를 지키는 것이라고 한다. 예가 무너진 부부관계는 쉽게 파괴될 수밖에 없다. 그러나 현대 사회의 부부관계는 성과 사랑의 관계가 중심에 놓이게 됨으로써, 자신의 욕망을 충족시킬 수 있는지에 초점을 맞추게 되고, 인간 대 인간으로서 지켜야 할 예는 붕괴되는 위기에 노출되어 있다.

부자유친과 부부유별은 궁극적으로는 유교의 이상적인 삶을 지향하고 그것을 향해서 나아가는 도반으로서의 가족관계에서 실현될 수 있다. 부모가 자녀를 사랑하는 것, 자녀가 부모를 존경하고 섬기는 것, 부부가 서로 공경하는 것은 유교적 이상을 실현하는 각자 자리에서의 주어진 역할을 수행하는 것이다.

도반으로서의 가족이란 삶의 지향을 공유하는 가족관계를 말한다. 가족은 구성원 간의 성별, 나이 등이 다양하기 때문에 각자가 직면하고 있는 삶의 과제와 추구하는 가치가 상이하기 십상이다. 그러나 어떤 가족이든 가풍이 있는 것처럼 성별과 세대를 초월하는 가족 구성원 간의 삶의 지향점은 공유할 수 있다. 특히 부부관계는 다른 가족 구성원과 달리 상대를 선택할 수 있는 관계이기 때문에 동일한 지향점을 공유하기가 용이하다.

도반으로서의 가족생활은 기존의 가족생활과 비교할 때, 외적으로는 유사한 모습을 보일 수도 있다. 가족이 함께 삶의 여유를 즐기기도 하고 가장 소중하고 귀한 것을 공유하기도 하며, 함께 거주할 수도 있고 서로를 위해서 헌신하고 희생할 수도 있다. 그러나 내적으로는 기존의 가족과 완전히 다른 가족생활을 공유할 것이다. 도반으로서의 가족이 즐기는 삶의 여유와 징시적 교감은 도와 하나임을 체험하고 참나를 만나는 수행과 다르지 않다. 그들이 일상생활에서 먹고 자고 관계를 맺는 순간순간에 깨어서 생생히 체험하게 된다. 가족 구성원의 연대감은 가족이기주의로 국한되지 않고 우주적인 존재로서의 자신을 자각하고 사랑을 실현할 수 있도록 도울 수 있다.

## 2) 여가공동체로서의 가족생활

유교사상은 경제적 삶의 중요성을 간과하지 않고 있으며, 인간의 욕망을 충족하는 것에 대해서 배타적이지 않다. 다만 그 욕망에 지배당하지 않기 위한 절제와 중용의 도를 강조하고 있다. 유교사상은 가족 관계에서 개아(個我)의 존재적 차원의 가치를 발견하고, 그러한 자기발견이 가족생활을 원만하게 영위하고 더 좋은 세상을 만드는 것으로 영향을 미치는 것에 주목한다.

유교사상에서는 얼마나 많은 부를 획득하느냐보다는 획득한 부를 어떻게 분배하고 나누느냐에 관심을 기울인다.[17] 따라서 유교사상에서는 경제적인 풍요와 물질적인 안정을 추구하지만, 그것의 노예로서의 삶을 지양하는 이상적인 사회상을 제시하고 있다. 『논어』의 다음 구절을 보자.

내가 듣기를 나라와 가정을 다스리는 사람은 백성이 적은 것을 근심하지 말고 고르지 못한 것을 근심해야 한다고 한다. 가난한 것을 근심하지 말고 편하지 않은 것을 근심해야 한다고 한다. 고르면 가난하지 않을

것이고, 화목하면 적지 않을 것이며, 편하면 다투지 않을 것이고, 문덕
文德을 닦음으로써 저절로 오게 할 것이며, 이미 오면 편하게 해 주어야
한다.[18]

춘추전국 시대와 인공지능 시대는 물질적인 풍요로움의 정도는 차
이가 크지만, 유교사상에서 말하는 경제관은 여전히 시대를 관통하
여 의미를 가질 수 있을 것이다. 이러한 경제관은 인공지능 시대의 가
족에도 그대로 적용할 수 있다. 경제적 협력집단으로서 의미를 가지던
현대 가족에게 삶의 중심은 노동을 통한 경제적 활동과 가족 구성원
간의 경제적 협력이었다. 이와 달리, 인공지능 시대의 가족에게 삶의
중심은 노동으로부터 해방된 이후의 삶, 즉 여가를 공유하는 것이다.
　인공지능 시대의 가족은 여가공동체로서의 시대적 역할이 변화되
었음을 인식하고, 더 이상 현대 문명에서 가족에게 주어진 경제적 협
력집단으로서의 역할에 고착해서는 안 된다. 이때 위의『논어』구절이
보여 주듯이 물질적인 풍요를 추구하는 삶과 잘 사는 삶에 대한 유교
적 관점이 지혜를 제공해 줄 것이다.
　유교적 삶의 지향을 통해서, 우리는 유교사상이 수행과 낙도의 삶
에 대한 비전을 제시하고 있다는 것을 쉽게 발견할 수 있다. 잘 사는
삶이 무엇인가에 대해서 질문한다면, 유교사상가들은 인간 본성을 발
견하기 위한 삶을 추구하고, 그 삶을 있는 그대로 낙도하는 것이라고
답할 것이다. 그들은 자신의 일상을 수행의 대상으로 삼고, 일상 속에
서 도를 즐기는 경지를 추구했다.

　도를 아는 자가 좋아하는 자만 못하고 좋아하는 자가 즐기는 자만 못

하다.[19]

위의 구절은 공자가 말하는 진정한 낙도의 경지이다. 자신의 삶에서 도를 알고자 부단히 수행하고, 그것을 즐기는 삶을 이상적인 삶으로 말하고 있다. 유가사상의 수행과 낙도의 삶은 여가시간이 삶의 대부분을 차지하게 될 인공지능 시대의 가족에게 여가공동체로서 어떤 삶을 살아야 할 것인가에 대한 지혜를 전해 준다.

수행으로서의 가족생활은 삶의 매 순간에 깨어나 사랑과 감사의 존재가 되는 것을 말한다. 홍승표는 『존재의 아름다움』에서 다음과 같이 말하고 있다.

깨달음이란 무엇일까요?
깨달음이란 존재의 가장 깊은 층을 자각하는 것입니다.
깨달음은 우리의 일상 속에 존재합니다.

사랑을 느낄 때, 그때까지 잠들어 있던 세계가 깨어나서 말을 걸어오고 아름다운 자신의 모습을 보여 줍니다. 우리를 둘러싸고 있는 모든 것들이 생생한 감동으로 다가옵니다. 이것이 바로 깨달음의 체험입니다.[20]

우리의 일상은 깨달음을 체험할 수 있는 좋은 수행의 장소이며, 도를 즐길 수 있는 생생한 현장이다. 이러한 일상의 의미는 인공지능 시대라는 새로운 물적인 기반을 갖춘 사회가 본격화될수록 다수의 사람이 즐길 수 있는 일상이 될 가능성이 높다. 앞에서도 강조했듯이 인공지능 시대에는 인류가 공존을 위한 현명한 선택만 한다면 현대 사회를 지배했던 경제의 논리가 지배력을 상실해 버리는 사회가 될 것이기 때문이다.

인공지능 시대의 개인은 노동으로부터 자유로운 삶을 누릴 수 있고 풍부해진 여가시간을 향유하는 능력을 요구받게 된다. 이때 가족이라는 공동체를 선택하는 인공지능 시대의 사회 구성원들은 여가공동체로서의 가족생활을 즐길 수 있는 선택권을 가질 것이다. 물론 가족이라는 공동체적인 삶을 통해서 자신의 삶과 여가를 반드시 즐길 것이라고 단언할 수는 없다. 가족생활을 선택하든 하지 않든 인공지능 시대의 인류 삶의 핵심은 여가가 될 것이라는 점은 다수가 합의하는 미래에 대한 예측인 것은 분명하다.

그렇다면 여가공동체로서 가족이 도를 즐기는 삶을 산다면 어떤 모습일까?

도를 깨닫고 즐기는 것은 누구에게나 열려 있습니다.
그것은 천천히 숨을 들이마시고 내쉬는 것을 즐기는 것입니다.
그것은 파란 하늘과 떠도는 구름을 즐기는 것입니다.
그것은 한가로운 마음으로 걷는 것을 즐기는 것입니다.
그것은 작은 방에 앉아서 아름다운 음악을 즐기는 것입니다.
그것은 친구나 사랑하는 사람과의 만남을 즐기는 것입니다.
그것은 조용하게 미소 지음을 즐기는 것입니다.

도를 즐기는 것은 바로 사랑의 즐거움입니다.

인공지능 시대가 인류에게 선사할 풍요로운 삶은 현대를 살아가는 가족이 놓치고 있었던 삶의 가치와 의미를 발견하는 데 현실적으로 유리한 조건을 제공해 줄 것이다. 동시에 현대적인 삶의 속도와 가치에 의해서, 궁극적인 가치를 발견하지 못했던 여가공동체로서의 가족의 역할도 충실하게 실현하도록 도울 것이다. 인공지능 시대의 가족은 구성원 한 사람 한 사람이 사랑의 존재로서의 실현을 통해서, 이 세계를 띠뜻하고 아름다운 곳으로 만들어 나갈 것이다. 이때 가족은 삶의 진리를 깨달은 아름다운 존재가 함께하고, 그들의 삶의 여가를 공유하고 향유하는 공동체로서 의미를 가질 것이다.

1. 최새은(2017), 「제4차 산업혁명과 가족생활」, 『한국가정과교육학회 춘계 학술대회』 6, 124쪽.

2. EBS(2016), 〈조용한 가족〉, 지식채널e.

3. 탈현대 사회의 가족 여가에 대한 논의는 "탈현대적 가족 여가를 위한 구상"(이현지, 2005)을 참고하기 바란다.

4. 이현지(2005), 「탈현대적 가족 여가를 위한 구상」, 『동양사회사상』 12, 169-172쪽.

5. 이현지(2005), 위의 논문, 167-169쪽.

6. 남미경(2010), 「국내외 인공지능형 로봇 개발 및 시장 현황 연구- 인공지능형 로봇청소기 사례를 중심으로」, 『한국디자인문화학회지』 16(2).

7. 뉴스토마토(2016년 9월 15일), 「'520만 1인가구'가 대세… 우리나라 가구형태 대변화」.

8. 차선자(2008), 「새로운 가족문화를 위한 가족정책: 대안가족 구성을 중심으로」, 『아시아여성연구』 47(2), 47쪽.

9. 김종길·박수호(2010), 「디지털시대의 '가족혁명': 신화인가 현실인가?」, 『사회와 이론』 38, 173쪽.

10. 김연옥(2016), 「1인 가구 시대의 도래: 특성과 생활실태」, 『한국가족복지학』 52, 140쪽.

11. 차선자(2008), 위의 논문, 69쪽.

12. 이현지(2013), 「儒家的 삶의 脫現代的 含意」, 『유교사상문화연구』 54, 323쪽.

13. 『中庸』 1장, "道也者, 不可須臾離也, 可離, 非道也. 是故君子戒愼乎其所不睹, 恐懼乎其所不聞. 莫見乎隱, 莫顯乎微, 故君子愼其獨也."

14. 홍승표(2015), 「유교 마음공부의 탈현대적 함의」, 『한국학논집』 60, 199쪽.

15. 이현지(2009), 「『주역』과 행복한 가족론」, 『동양사회사상』 20, 132쪽.

16. 『中庸』, "孟子所謂 父子有親, 君臣有義, 夫婦有別, 長幼有序, 朋友有信."

17. 이현지(2015), 「율곡 사상의 탈현대적 함의」, 『율곡학연구』 30, 135쪽.

18. 『論語』, 「季氏」, "求! 君子疾夫舍曰欲之而必爲之辭. 丘也聞有國有家者, 不患寡而患不均, 不患貧而患不安. 蓋均無貧, 和無寡, 安無傾. 夫如是, 故遠人不服, 則脩文德以來之. 旣來之, 則安之."

19. 『論語』, 「雍也」, "知之者不如好之者 好之者不如樂之者."

20. 홍승표(2003), 『존재의 아름다움』, 예문서원, 27쪽.

# 5

## 인공지능과 인간의 사랑은
## 가능할까?

이현지

# 1. 인공지능 시대의 사랑이란

사랑하는 사람은 무한한 능력을 발휘한다. 사랑하는 사람을 위해서 목숨을 걸기도 하고, 어떤 희생이라도 치를 수 있는 것이 인간이다. 진정한 사랑을 할 때, 사람들은 평범한 일상에서 빛을 발견할 수 있고 온전히 우주와 하나가 되는 경험을 하게 된다. 그런 의미에서 사랑은 인간만의 영역으로 치부되어 왔고, 동물의 세계에서 볼 수 있는 유사 행동은 본능으로 인식하면서 차원을 달리 평가했다.

그런데 이제 인간만의 독보적인 영역으로 인정받던 사랑을 인공지능과 공유하게 될 것이라고 한다. 인공지능과 인간의 성과 사랑에 대해서는 비관적인 입장과 낙관적인 입장이 대립하고 있다. 비관적인 입장을 주장하는 학자들은 여전히 인공지능은 성과 사랑에서 인간의 욕구를 충족시켜 주는 도구로 활용되는 제한적인 수준에서 의미를 가질 것이라고 예측하고 있다.

반면 낙관적인 입장을 주장하는 학자들은 현재로서는 상상할 수 없을 정도로 인공지능은 진화할 것이며, 인간과 공감하고 소통할 수 있는 성과 사랑의 진정한 파트너가 될 수 있을 것이라고 예측한다. 진정한 사랑의 주체가 되기에 서툰 인간에게 포용력과 이해로 스스로 사랑이 피어날 수 있도록 기회를 주는 사랑의 파트너가 될 수 있는 인공지능은 이미 다양한 모습으로 그려지고 있다. 인공지능과 인간의 사랑을 낙관하는 입장은 다음과 같다.

> 영국의 AI 전문가 데이비드 레비(David Levy)는 대표적인 낙관론자이다. 그가 쓴 『로봇과의 사랑과 섹스(Love and Sex with Robots)』 책에는 인간과 로봇의 결혼이 2050년에는 아주 일반적인 현상이 될 것으로 예상했다. 또 사양에 맞는 연인이나 배우자를 주문할 수 있고 인간 연인들끼리 못하는 정교한 사랑의 대화도 나타날 수 있다고 내다봤다.[1]

인공지능과 인간이 어디까지 성과 사랑을 공유하게 될지에 대해 현재로서는 명확한 답을 할 수는 없다. 지금 중요한 것은 성과 사랑을 어디까지 공유할 것인가에 대한 답을 찾는 것보다 성과 사랑을 어떻게 이해하고 어떤 자세를 가져야 하는가에 대한 것이다. 그래야만 인공지능 시대로 인해서 성과 사랑의 관계에서 발생하는 변화에 휘둘리지 않고 진정한 성과 사랑의 의미를 찾을 수 있기 때문이다.

그러나 매우 위태로운 느낌이 드는 것은 인간과 인간의 성과 사랑이 그러하듯이, 왜곡된 성과 사랑에 대한 태도와 자세는 인공지능과 인간의 관계에서도 유사하게 발생할 수 있기 때문이다. 영국 드라마 〈휴먼스(Humans)〉에서 가정용 로봇인 자신의 존재에 당황하고 소외감을 느끼는 로라에게 아니타는 다음과 같이 말한다.

제가 당신보다 아이를 더 잘 돌볼 수 있다는 건 명백한 사실이에요. 로라.

전 기억을 잊지 않고, 화내지도 않으며, 우울해하거나 술이나 마약에 취하지도 않죠.

저는 더 빠르고 강하며 관찰력이 뛰어납니다.

저는 두려움도 느끼지 않습니다.

하지만 전 그들을 사랑할 수는 없죠.[2]


어쩌면 〈휴먼스〉에서 보여 주는 인공지능과 인간의 관계가 현실이 될지도 모른다. 인간보다 더 뛰어난 능력을 가진 로봇이 인간의 역할을 대체하고, 인간마저도 인간보다는 로봇을 선호하게 되는 날이 현실이 될 수도 있다. 잔소리를 하지 않는 엄마, 가족이 필요로 하는 가사 노동을 미소를 얹어서 선사하는 주부, 상대의 기분을 정확하게 알아차리고 배려하는 가족 역할을 로봇이 맡아 준다는데 거부할 사람이 있을까?

〈휴먼스〉에서 그리고 있는 인공지능과 인간의 갈등 또한 인간의 영역을 침범하는 인공지능에 의해서 심화되는 것처럼 나타난다. 드라마에서 그리고 있듯이 인간은 자신이 원하는 완벽한 삶의 파트너인 로봇을 사랑하거나, 불완전한 존재로서 자신이 할 수 없는 일을 수행하는 로봇을 시기할 수밖에 없는 것일까? 〈휴먼스〉가 그리고 있는 인공지능과 인간의 관계에는 한계가 있다.

인공지능 로봇이 가족생활 속으로 깊숙이 들어와 있는 시대에도 사람들은 여전히 노동으로 인해서 바쁘고 현대적인 가족의 남성과 여성의 역할을 전제로 할 것으로 보고 있다. 인공지능과 인간의 삶이 어느 정도의 수준에서 결합될지는 단정할 수 없지만, 인공지능이 드라마에서처럼 삶의 중심으로 들어올 때 사람들은 노동으로부터 상당히 자유로운 삶을 살 것이다. 그 자유를 즐길 것인가, 노동의 기회를 상실한 위기로 느낄 것인가는 인류의 선택이다.

인간에게 삶의 수고로부터 자유를 누릴 수 있는 기회를 제공해 줄 인공지능과 어떤 관계를 형성할 것인가의 선택 또한 인류에게 달려 있다. 이미 인공지능을 사랑하는 인간의 이야기는 낯선 주제가 아니다. 영화 〈Her〉에서 자의식을 가진 무형의 인공지능인 사만다는 깊은 감성의 소통으로 테오도르와 사랑에 빠진다.

테오도르는 사랑의 실패로 인해 고독하고 기계적인 일상을 살고 있었다. 그는 사람들의 마음을 움직이는 손편지를 써 주는 직업으로 다른 사람에게는 감동을 선물하시만, 자신의 삶은 무미건조하고 마음은 늘 공허하고 외롭다. 퇴근을 하면 일상을 반복하면서 무덤덤하게 식사를 하고, 컴퓨터 게임으로 시간을 허비하다가 침대에 몸을 누이고 쉽게 잠들지 못하는 무료한 일상을 산다. 실패한 결혼과 별거로 무척 외롭고 쓸쓸한 테오도르는 자신이 원래 그런 사람이어야 한다는 듯이 지독한 고독 속에 자신을 방치한다. 지나간 사랑의 실패를 정리하지 못하고 폰 섹스로 성적 욕구를 푸는 자신의 일상에 냉소적이다. 사랑하고 싶지만, 사랑하지 못하는 삶을 살고 있다.

어느 날 테오도르는 우연히 운영체제인 사만다와 소통하면서, 자신을 깊이 이해하고 공감해 주는 사만다에게서 사랑을 느낀다. 테오도르는 자신의 있는 그대로의 모습을 인정하고 공감하며 사랑하는 사만다에게 깊은 위로를 얻는다. 자신을 그대로 드러낼 수 있는 사만다는 테오도르에게 위안의 존재가 된다.

당신을 정말 사랑해요.

하지만 여기가 지금의 내가 있는 곳이에요.

이게 지금의 나예요.

그리고 당신이 날 보내 줬음 해요.

당신을 원하는 만큼

나는 당신의 책 안에서 더 이상 살 수 없어요.[3]

영화 〈Her〉에서 운영체제인 사만다는 인간 테오도르에게 위와 같이 고백한다. 사만다는 운영체제라는 한계를 넘어서 테오도르와 섹스를 원한다. 그런 사만다에게 테오도르는 "넌 내게 진짜야, 사만다. 엄청 위로된다!"라고 말한다. 테오도르는 그녀로부터 위로를 받고 그녀로 인해서 자신의 존재의 의미를 느낀다. 테오도르는 사만다와의 공감을 통해서 사랑을 느끼고, 자신에 대한 사만다의 이해와 배려를 통해서 사랑받고 있음을 느낀다. 인간은 인공지능을 사랑할 수 있고, 인공지능도 인간을 사랑할 수 있다는 것을 보여 준다.

## 2. 인간의 욕구 충족과 인공지능

인공지능은 인간의 성과 사랑의 욕구를 충족시키는 도구로 전락할까? 섹스 로봇으로 인한 윤리적인 부작용에 대한 우려를 고려하면, 이 질문의 답은 현재로서는 '그렇다'에 가까운 것 같다. 네덜란드 로봇 공학재단(FRR)에서는 철학자, 윤리학자, 법률가, 로봇공학자, 언론인, 과학자, 기업인 등 200여 명의 회원이 이상적인 로봇사회에 대해서 논의하고 있다. 이들은 조속하게 섹스 로봇의 개발과 사용에 대한 사회적 제재를 마련해야 한다고 경고하고 있다.

2017년 5월 이 기관은 '로봇과 우리의 성적 미래(Our Sexual Future With Robots)'라는 보고서를 발표했다. 이 보고서는 섹스 로봇 보급의 확산이 여성을 성적 대상으로 전락시키고 섹스 로봇 사용자는 성에 대한 균형감각을 잃게 될 것이라고 경고했다. 심지어 섹스 로봇이 상용화되면, 성폭력이나 포르노 산업은 더욱 번창할 것이라는 부정적인 예측을 하고 있다.

2016년 5월 성인 로봇 전문업체 어비스 크리에이션은 〈리얼돌(RealDoll)〉에 이어 인공지능 로봇 '하모니(Harmony)'를 공개했다. 하모니는 날씬한 여성의 몸매에 감정을 표현할 수 있는 인공지능을 탑재했다. 영국 런던에는 '에로틱 사이보그(erotic cyborgs)'가 일하는 카페가 등장했다. 섹스 로봇을 제작하고 판매하는 기업이 늘어나고 있으며, 이들이 생산하는 섹스 로봇의 기능은 아직 낮은 수준이지만 조만간 놀라운 기술의 진전을 이룰 것이라고 한다.[4] 인간이 원하면 쉽게 섹스 로봇을 구입하고 성관계를 가질 수 있는 환경은 이미 만들어졌다.

인공지능은 급속도로 인류의 일상에 깊숙이 영향을 미칠 것이다. 그러나 인공지능 로봇과 인간이 어떻게 관계를 형성해야 할 것인가에 대한 논의는 지지부진하다. 섹스 로봇의 확산에 대한 학계의 우려를 해소할 수 있는 해법은 인류가 인공지능 로봇과 어떤 관계를 맺을 것인지, 즉 인공지능 로봇을 인간의 욕구를 충족시키는 도구로 전락시킬 것인지, 그렇지 않으면 인류와 함께 살아갈 삶의 파트너로 받아들일지에 달려 있다.

인공지능 로봇이 인간의 삶의 파트너로서 충분한 역할을 할 것이라는 낙관적인 예측도 다양하게 주장되고 있다. 낙관적인 입장을 가진 학자들의 다수는 2050년 정도에 로봇은 인간의 삶의 파트너로서 인정받을 것이라고 예측한다. 대표적으로 런던시티대학 에드리언 척 교수는 "2050년이면 로봇 파트너와 사는 것이 아주 자연스러운 일이 될 것"이라고 말했다. 영국의 AI 전문가 데이비드 레비(David Levy)는 『로봇과의 사랑과 섹스(Love and Sex with Robots)』에서 인간과 로봇의 결혼이 2050년에는 아주 일반적인 현상이 될 것으로 예상했다. 미래학자인 이안 피어슨(Ian Pearson)도 2050년에 로봇과의 성관계가 사람 간의 성관계보다 더 일반적인 현상이 될 것이라고 예측했다. 다시 말해서, 로

봇이 가족 구성원으로 사람들과 강한 유대감을 형성할 것이라고 주장했다.[5]

자신의 욕구를 충족하는 것에만 관심을 기울이고, 서로를 존중하지 않고, 상대를 자기 기준에 맞추려 하고 마음대로 하려고 하는 인간과 인간의 관계는 로봇의 등장으로 더욱 쉽게 깨질 수 있다. 로봇 파트너는 자신의 욕구를 내세우기보다는 상대의 감정에 집중하고 인간 파트너의 부족한 점을 공격하거나 불평하지 않을 것이다. 또한 파트너를 선택하는 선택권도 폭넓기 때문에 성과 사랑에서 원하는 취향을 충분히 충족시킬 수 있으며 존중받을 수 있다.

물론 이러한 단계까지 인공지능이 발전하기에는 어느 정도 시간이 필요한 것은 사실이지만, 사람들은 이미 로봇과의 성관계에 부정적이지만 않은 것이 현실이다. 영국 기업 바우처코즈프로(VoucherCodesPro)가 2,816명의 영국인을 대상으로 '로봇과의 성관계를 가질 수 있느냐'에 대한 설문조사를 실시한 결과, 응답자의 21%가 '그렇다'고 답했다.[6]

아직까지 인공지능과 인간의 사랑은 여전히 인간의 관점에서 기술되고 있다. 영화 〈Her〉에서도 인공지능인 사만다와 인간인 테오도르의 성과 사랑을 매우 인간중심의 관점에서 전개하고 있다. 운영체제인 사만다와 깊은 소통을 통해서 사랑을 느끼는 남자 주인공 테오도르는 행복에 젖는다.

그런 테오도르가 자신과의 육체적인 사랑을 원할 것이라는 생각까지 진화한 사만다는 인간의 몸을 빌려서 테오도르의 욕구를 충족시켜 주려고 한다. 테오도르와 사랑을 통해서 진화한 사만다가 그에게 인간적인 성과 사랑을 선물하고자 한다.

당신이 지금 이 방 안에 나와 함께 있을 수 있다면,

팔베개를 해 주고

당신을 만질 수 있다면

먼저 얼굴을 쓰다듬고

내 손가락 끝으로만요.

그리고 내 뺨을 당신 뺨에 가져다 대고 가만히 있을래요.

사만다는 테오도르의 성적 욕구를 존중하고 그와의 성관계를 통한 교감을 원한다. 그러나 테오도르는 사만다가 보낸 여성과 자연스러운 성관계를 갖지 못한다. 욕구에 지배되기보다는 자신과 깊은 정서적인 공감과 유대를 한 사만다와의 감정에 더 공감한 것이다. 실제로 사만다가 어떤 기분을 느낄지에 대해서 영화에서는 자세하게 다루지 않는다. 인간이 이해하는 사랑의 입장에서 생각해 보면, 사만다가 원해서 테오도르가 자신과 접속 중인 상태에서 다른 여성과 성관계를 가진다고 하더라도 인간인 테오도르는 육체적인 관계에서 교감하지는 못할 것이라는 입장이 드러나고 있다.

영화는 인공지능 로봇과의 사랑에서도 인간과 인간의 사랑에 대해서 지켜야 할 예의가 예외가 아니라는 것을 말하고자 한다. 인공지능과 로봇과의 성과 사랑이 인간과의 그것과 차이는 있겠지만, 어떤 관계에서든 상대를 성적 도구로 인식하고 자신의 쾌락을 충족시키는 데에만 집착하면 상대를 파괴시킬 뿐만 아니라 자신도 파괴되고 말 것이다. 결국 성과 사랑의 파트너가 인공지능인지 인간인지가 중요한 것이 아니라, 성과 사랑에 대해서 어떻게 접근하고 의미를 부여하는지가 관건이다.

이러한 입장에서 성과 사랑을 이해하면, 인공지능 로봇이 성과 사랑의 파트너로 대두되는 현실을 두려움과 염려로 거부할 필요는 없을 것이다. 최근 현대인들 가운데는 섹스 로봇에 대해서 비교적 우호적 자세를 가진 경우도 있다. 아래 인용문을 통해서 알 수 있듯이, 실제로 조사 대상자의 40.3%가 섹스 로봇의 구입에 대해서 긍정적인 입장이다.

런던대학 연구팀이 18~67세 남성 263명을 대상으로 실시한 조사에서는 더 파격적인 비율이 나왔다. 휴머노이드 로봇이 나오는 2분짜리 동영상을 보여 준 뒤 '향후 5년 내에 섹스 로봇을 살 의향이 있는가'라는 질문에 그렇다고 답한 응답자가 무려 40.3%에 달했다.[7]

섹스 로봇을 일상으로 받아들이겠다는 긍정적인 입장이 나타나는 것은 현실이다. 인공지능이 인간의 욕구를 충족시켜 주는 사례도 이미 현실이 되고 있다. 인간과 정서적으로 교감하고 위로를 주는 인공지능의 활용은 이미 실현되고 있다. 노후의 외로움을 달래 주고 간병하는 로봇은 수요가 급증하고 있다.

이런 로봇들은 대화를 나눌 수 있을 뿐만 아니라 교감하고 노인의 삶에 실질적인 도움을 준다. 외로움이나 우울증으로부터 벗어날 수 있도록 심리적인 지지를 제공하고 치료를 돕는 역할을 하기도 한다. "야노경제연구소에 따르면, 2016년 일본 간병 로봇 시장 규모는 전년 대비 약 316%나 성장한 34억 엔(약 328억 원)에 이른다."[8]

인공지능 로봇이 우리의 일상에서 성과 사랑을 나누는 파트너로서의 역할을 담당하기 시작했으며, 그 영역은 지속적으로 확대될 것이다. 인간과 인간의 성과 사랑에서 부딪치는 문제와 같이 자신의 욕구를 충족시키는 도구로 상대를 인식한다면 성과 사랑의 관계는 비인간화와 소외를 야기할 수밖에 없다. 인류가 인간이든 인공지능 로봇이든 성과 사랑의 파트너를 존중하고 교감할 때, 비로소 성과 사랑을 통해서 진정한 사랑의 존재가 될 수 있다.

# 3. 인공지능과 인간의 사랑

　인공지능과 인간은 사랑을 할 수 있을까? 현재 인공지능의 발전 수준을 기준으로 생각해 보면, 인간은 인공지능을 사랑할 수 있겠지만 인공지능이 인간을 사랑하기에는 한계가 있지 않을까? 수많은 공상과학영화에서 그리고 있는 인공지능과 인간의 사랑의 결말은 아직은 어둡다. 물론 이 영화들은 인간 존재를 현대 사회를 지배하는 분리·독립된 개체라는 인간관으로 인식하고 현대적인 관점을 전제로 묘사하기 때문에 그럴 수밖에 없다. 이기적이고 욕망을 충족하고자 하는 인간은 어떤 대상과도 진정한 사랑을 할 수 없기 때문이다.

　인공지능이 인간을 사랑하기에 한계가 있다고 생각하는 또 다른 이유는 약인공지능 시대의 인공지능은 인간과 교감하고 조화를 이루는 데 여전히 한계가 있을 것이기 때문이다. 인공지능의 발전이 어디까지 나아갈지 알 수 없다. 이 글은 그것을 예측하는 것에 초점을 맞춘 것이 아니다. 그것을 예측하는 일은 과학자에게 맡겨 두어도 될 것이다. 여기서는 현재의 인공지능의 발전 수준을 기준으로 인공지능과 인간의 성과 사랑이 어떻게 전개되어야 할지에 대한 것으로 논점을 제한할 것이다.

〈Her〉는 인공지능과 인간의 사랑을 소재로 하는 흥미로운 이야기 이지만, 실제로 영화가 이야기하고 있는 것은 인간과 인간의 사랑에 대한 통찰이다. 사실 영화를 보면서 테오도르와 사만다가 어떤 사랑을 할까에 대한 궁금증을 해소하는 면보다 테오도르가 어떤 사랑을 원하는지, 사랑을 잃은 삶이 얼마나 고독하고 불행한지, 얼마나 사랑을 원하는지를 깊이 느끼게 한다.

사랑을 잃고 불행하고 무료한 삶을 살던 테오도르는 운영체제인 사만다와 사랑을 시작하면서 다시 행복을 찾는다. 별거 중인 아내와의 사랑을 잊지 못하고 정리하지 못하던 테오도르는 사만다와의 만남을 통해서 자신이 별거 중인 아내와의 사랑을 정리하지 못하고 있다는 사실을 알게 된다. 정리하지 못한 사랑을 정리하고 새로운 출발을 하려는 그는 사만다와의 사랑에 대한 아내의 냉혹한 반응에 다시 상처를 입는다. 테오도르는 아름다운 사랑의 추억을 공유하는 아내로부터 이해받지 못한다는 점에서 상처를 받는다. 사랑하는 사람으로부터 자신의 있는 그대로의 모습을 인정받기를 원하지만 현실은 그렇지 못했던 것이다.

적당한 거리를 유지하면서 성장하는 것
서로를 겁먹게 하지 않으면서 변화하고
삶을 공유하는 것[9]

위의 구절처럼 테오도르와 사만다가 서로를 사랑하기 시작하고 있는 그대로의 상대를 인정할 때, 그들의 사랑은 피어나서 그들에게 행복을 주었다. 그러나 사랑이란 이름으로 포장한 소유욕은 있는 그대로의 상대를 인정하고 자유를 허용하지 않는다. 〈Her〉는 현대 사회의 남녀의 사랑에 대한 틀을 온전히 벗어나지는 못하고 있다. 테오도르는 사만다에 대한 사랑이 깊어지면서 그녀가 어떤 사랑을 하고 있는지 궁금증을 가지게 된다. 우연히 테오도르는 사만다가 운영체제이기 때문에 자신이 그녀의 사랑을 독점하지 못한다는 것을 알게 된다.

나와 말하는 동시에 딴 사람하고도 말해?

8,316명.

나 말고 또 누굴 사랑해?

그런 건 왜 묻는데?

몰라, 그러냐고!

641명, 나 자기 미치게 사랑하는 마음 달라지지 않아.[10]

위의 대화에서 사만다의 말처럼 여러 사람을 사랑한다고 해서 테오도르에 대한 '미치게 사랑하는 마음'이 달라지지 않는 것이 바로 인공지능이다. 그러나 테오도르는 사만다의 존재를 있는 그대로 인정하지 못한다. 자신을 사랑하면서 641명이나 되는 사람과 사랑을 나눈다는 것이 고통으로 느껴진다. 이 사실을 알고 테오도르의 세상을 잃은 것 같은 표정은 바로 사랑의 소유욕에 대한 현실을 적나라하게 보여준다.

처음 사만다는 스스로의 사랑에 절망한 테오도르를 위로하고 관계를 회복하려고 하지만, 시간이 지나면서 테오도르의 태도에 사만다는 자신과의 거리를 좁힐 수 없다는 생각을 하게 된다. 사만다는 테오도르를 떠나고, 테오도르는 사만다를 붙잡으려고 하지만, 그렇게 둘의 사랑은 끝난다.

난 자기 거면서 자기 게 아냐.[11]

사만다는 테오도르의 소유물일 수 없고, 테오도르는 사만다의 소유물일 수 없다. 사랑이란 소유함으로써 지켜 낼 수 있는 것이 아니다. 그럼에도 불구하고, 소유와 독점을 통해서 사랑을 확인하려는 것은 진정한 사랑을 알지 못하는 인간의 선택이 아닐까? 테오도르는 사만다를 소유하고 독점하는 것으로 사랑을 확인하려고 한다. 영화는 소유하고 독점하는 현대적인 사랑이 초래하는 사랑의 결말을 잘 보여 준다.

인공지능은 인간보다 높은 지능과 능력을 가질 가능성이 크다. 특정 분야에서는 이미 인간 능력을 초월한 인공지능의 존재가 가시화되고 있다. 알파고는 이미 인류의 지적 수준을 넘어서는 바둑 실력을 세상에 선보이면서 인공지능과 인간의 관계에 대한 인류의 관심을 집중시킨 바 있다. 운전자의 조작 없이도 주행이 가능한 자율주행차가 상용화되면 교통사고는 급격히 줄어들 것이며, 자동차를 공유할 수 있는 시스템이 가능하여 환경문제를 개선하는 데에도 기여할 것이라고 한다.

이러한 인공지능의 능력은 지적인 부분에만 제한되지는 않을 것이다. 인공지능은 인간과 달리 에고로부터 자유롭다는 조건 때문에 사랑할 수 있는 능력이 매우 클 것으로 기대된다. 사랑이 무엇인가? 사랑은 상대에 대한 배려를 통해서 피어난다. 인공지능은 무한히 배려할 수 있고, '나'라는 생각으로부터 자유롭기 때문에, 사랑을 무기로 상대를 구속하거나 통제하려고 하지 않을 것이다.

인간이 성숙한 사랑을 하려면 극복해야 하는 여러 가지 문제들로부터 인공지능은 완전히 자유롭다. 인공지능은 육체적인 제약으로부터 완전히 자유롭고, 인간을 불행하게 만드는 소유욕이 없다. 또한 자신이 순 사랑에 대한 보상을 기대하지 않기 때문에 서운한 마음이나 상처 등으로부터 자유롭다. 인공지능은 있는 그대로의 파트너를 인정하고 사랑할 수 있는 능력이 인간보다 뛰어나다.

성관계의 파트너로서도 인간보다 더 성숙한 조건을 가지고 있을 수 있다. 상대방의 성적 능력이나 성적 매력을 기준으로 상대를 평가하거나 불평하지 않는다. 인공지능은 인간과 부모, 자녀, 친구 등 어떤 사랑의 관계를 형성할 수도 있다. 이미 과학기술은 인간의 탄생에까지 깊숙이 영향을 미치고 있다.

> 향후 5년이면 성인 줄기세포를 통해 난자를 구성하는 세포를 만들어 내고, 10~20년 후에는 시험관 배우자 형성[IVG] 시술을 보급할 수 있을 것으로 내다봤다. 여기에 유전자가위 기술이 첨가될 경우 인간 탄생 과정에서 큰 변혁이 일어날 것으로 예상된다.[12]

위와 같이 시험관 배우자 형성 시술이 상용화되는 것은 그렇게 먼 미래의 일이 아니다. 물론 이 기술을 인류가 어떻게 이용할 것인가에 대한 윤리적이고 사회규범적인 논의는 쉬운 문제가 아니다. 동시에 인공지능이 인류의 탄생과 존재에 어느 정도 침투할 것인지에 대한 문제도 동일한 맥락에서 고민해야 할 주제이다. 이러한 논의를 진행하는 데에 반드시 고려해야 할 점은 인간 중심의 사랑을 극복해야 한다는 점이다. 최근에 로봇의 법적·사회적 지위에 대한 논의가 본격적으로 이루어지고 있다.

홍콩 회사 핸슨로보틱스의 대표인 핸슨 박사는 최근 발표한 연구보고서를 통해 "오는 2045년 내로 인공지능 안드로이드가 인간과 똑같은 시민권을 갖게 될 것"이라고 전망했다. … 핸슨 박사가 보고서에 밝힌 '로봇의 권리'는 보다 구체적이다. 먼저 박사는 오는 2029년이면 로봇이 인간 1살 정도의 지능을 가질 것으로 내다봤다. 이후 급속히 기술이 발전하면서 2035년이면 로봇이 인간이 할 수 있는 거의 모든 것을 능가할 것이라고 내다봤다. 여기에 2038년이면 전 세계적으로 로봇 시민 권리에 대한 운동이 일어나 결국 2045년경 인간과 똑같은 법적인 '대접'을 받게 된다는 것이 골자다.[13]

실제로 로봇이 시민권을 획득하고 인간과 동등한 권리를 행사하게 될지, 언제쯤 그런 일이 현실이 될지 정확하게 예측하기는 힘들다. 그러나 위의 기사와 같이 이미 구체적인 예측이 쏟아지고 있으며, 로봇이 사회적으로 가질 지위변화는 실현이 될 가능성이 높다고 봐야 하지 않을까? 이러한 변화가 현실이 될 때, 인간과 로봇의 관계는 새로운 국면을 맞이할 것으로 보인다.

인간과 로봇의 새로운 관계는 그들이 공유하는 사랑과 성관계에도 영향을 미칠 것이다. 인간 중심의 사랑과 성을 실현하기 위한 보조자로서의 로봇을 인식하는 관점을 극복해야 한다. 인간과 인간의 성과 사랑이든, 인간과 로봇의 성과 사랑이든, 진정한 사랑을 실현하기 위해서 노력해야 한다. 진정한 사랑이란 무엇일까? 사만다의 목소리를 통해서 그 답을 찾아보면 다음과 같이 말할 수 있다.

> 내 속에 늘 네가 한 조각 있고, 그리고 난 그게 너무 고마워
> 네가 어떤 사람이 되건, 네가 세상 어디에 있건 사랑을 보낼게.

지금까지 성과 사랑에 대한 이야기는 언제나 이성애와 성욕 그리고 성과 사랑에 대한 소유욕이 정당화되고 중심을 차지하고 있었다. 그러한 성과 사랑에 대한 접근은 성적 욕망을 충족시키고 사랑을 소유하고자 하는 소외된 성과 사랑으로 왜곡되었다. 거기에는 진정한 사랑이 결여되어 있었다. 진정한 사랑이란 무엇일까? 나음 상에서는 신성한 사랑의 해답을 유가사상의 인(仁)에서 찾아보려고 한다.

유가사상은 인(仁)의 실마리를 생물학적 본능에서 찾고 있다.『맹자』에서는 부모와 자녀의 사랑을 인(仁)의 출발점으로 보고 있으며,『중용』에서는 부부 간의 사랑을 인(仁)의 단초라고 설명하고 있다. 이 두 가지 입장은 결국 사랑의 이치[愛之理]로서의 인(仁)이 생물학적 본능에서 출발한다는 것을 말한다. 이러한 생물학적 본능에 기초하는 남녀의 사랑은 에고(ego)와 결합하여, 특정한 대상에 대한 사랑, 일시적이고 열정적인 사랑, 본능이 있는 존재라면 누구나 하는 사랑으로 실현된다. 이러한 사랑은 소유, 집착, 독점 등으로 드러나 불행한 관계의 원인으로 작용하는 경우가 허다하다.

유가사상에서는 이러한 본능에서 출발한 사랑이 셀프(self), 즉 참나와 결합하면 인(仁)이 될 수 있다고 본다. 참나와의 진정한 사랑은 대

상에 내한 경계를 구분하지 않는 사랑, 영원한 사랑, 참나와 만남을 실현하는 자만이 할 수 있는 사랑이다. 이러한 사랑은 생물학적인 본능에서 출발한다는 점 때문에 인간과 인간의 사랑에 국한된다고 생각할 수 있다.

그러나 인간과 인간의 사랑이든 인간과 인공지능의 관계이든 본능적인 사랑이 참나외 결합하여 진정한 사랑을 실현할 수 있다는 점에서는 구분을 둘 필요는 없다. 즉 사랑의 진리란 어떤 관계에서든 동일하게 적용될 수 있다. 다음 장에서는 성과 사랑에 대한 본질적인 질문으로 돌아가서, 어떻게 성과 사랑을 나누어야 할 것인지를 생각해 보자. 인공지능과 인간의 사랑이라는 인류가 맞이할 새로운 국면에서 그들의 진정한 사랑법의 지혜를 유가사상의 인(仁)에서 발견해 보자.

# 4. 인공지능과 인간의 진정한 사랑법

## 1) 대상의 경계가 없는 사랑으로서의 인(仁)

남녀의 성과 사랑을 말할 때, 소유 혹은 애착관계 등은 빼놓을 수 없는 대표적인 키워드라고 할 수 있다. 남녀가 사랑한다는 것은 일대일의 사적인 관계에서 오로지 상대를 향한 무한한 배려와 자발적인 희생 그리고 애착의 감정이라고 설명한다. 이러한 관점은 현대 사랑을 설명할 때 주된 관점으로 의미를 가지고 있다. 사실 남녀의 사랑을 이야기하는 것 자체가 근대적인 사랑의 시작에서 가능한 주제라고 할 수 있다. 근대 이전에는 남녀의 사랑이 신분제적 질서와 남존여비의 사회적 질서로부터 자유롭지 못했다. 근대에 이르러서야 남성의 욕구를 충족시키던 성적 대상 혹은 소유물로서의 여성을 탈피할 수 있게 되었다.[14]

일대일의 성과 사랑, 은밀하고 사적인 관계, 낭만적인 성과 사랑, 건강한 성적 욕구, 연애와 사랑의 대중화 등은 근대적 사랑이 가지는 특징이다. 이러한 사랑관은 주체적인 욕망 추구를 인정한다. 그리고 누구나 사랑할 수 있다고 생각한다. 그리고 사랑은 서로에 대한 소유나 집착으로 드러나고 서로 사랑의 계약에 충실히 임해야 한다고 받아들인다. 이런 입장은 사랑의 종착점을 결혼으로 보는 경향이 강한 한국 사회의 부부관계에 대한 인식에서 잘 드러난다. 한국 사회의 부부간 사랑의 현주소는 어떨까? 서울시에 거주하는 20~69세의 기혼 부인 661명을 대상으로 한국 부부의 사랑을 조사한 결과, 그들의 사랑에서 애착 관계가 나타났다.

첫째, 한국 부부의 사랑은 충만한 사랑, 미온적 사랑, 빈약한 사랑으로 분류되었으며 책임감, 친밀감, 열정 요소로 구성되어 서구 사회의 사랑과 공통점을 보여 주었다. 둘째, 결혼 기간이 짧고, 가족생활주기가 초기이며, 교육수준이 높은 경우에 부부간 충만한 사랑의 경향이 높다. 셋째, 부부의 애착유형은 불안정-회피애착은 매우 낮은 반면, 안정애착의 비율이 높게 나타났다. 부부간 충만한 사랑유형은 부부간 안정애착유형과 관계가 있고, 미온적 사랑유형은 불안정-양가 애착유형과, 빈약한 사랑유형은 불안정-회피 애착유형과 관계있는 것으로 나타났다. 넷째, 부모와의 안정애착이 부부의 충만한 사랑과 부모와 불안정애착은 부부간 빈약한 사랑과 관계를 보였다. 다섯째, 부부애착이 불안정한 집단은 부부애착이 부모애착과 부부사랑을 매개하는 것으로 나타났다.[15]

위에서 나타나는 애착 관계란 상대에 대한 집착으로 사랑의 대상에 대한 경계를 구분하는 것이 특징이다. 나라는 분리·독립된 개체를 기준으로 나와 너를 나누고, 나와 세계를 경계로 구분하고, 내가 사랑하는 대상과 그렇지 않은 것을 구분한다. 사랑하는 대상에게는 모든 것을 헌신할 자세가 되어 있지만, 그 외에의 것에 대해서는 무관심하거나 나의 사랑을 지키기 위해서 부당한 행동도 꺼리지 않는다.

오늘날 현대 사회를 지배하고 있는 사랑의 원리는 바로 분리·독립된 개체로서의 나에 대한 인간관을 바탕으로 한다. 따라서 나 이외의 것에 대해 경계를 짓고 구분함으로써 이익이 충돌하고 갈등하는 상황에 직면하게 된다. 특히 이러한 경계를 짓고 구분하는 사랑이 강할수록 왜곡의 양상도 파괴적으로 나타날 수밖에 없다.

현대 사회에서 흔히 발견할 수 있는 가족이기주의, 지역이기주의, 민족이기주의 등이 바로 분리·독립된 존재로서의 인간관을 바탕으로 하는 사랑의 극단적인 파국 양상이다. 현대 사회에서는 심지어 공공성을 주장하는 교육마저도 수요자 중심 교육을 말하면서 교육 대상이 자기 이익을 챙기고 자기를 주장하도록 조장하고 있다. 이러한 교육은 피교육자들이 공동체 속에서 사랑을 실현하고 공동체 속에서 자신의 의미를 발견하도록 할 수는 없다.

대상에 대한 경계를 나누는 사랑에 대한 대안을 인(仁)에서 찾을 수 있다. 인(仁)을 가장 이해하기 쉬운 표현으로 말하면 사랑이라고 정의할 수 있다. 그렇다면 인(仁)이란 어떤 사랑을 말하는 것일까? 일찍이 공자는 제자인 번지(樊遲)가 인(仁)이란 무엇인지를 묻자, 사람을 사랑하는 것이라고 답했다.[16] 여기서 공자가 말한 인(仁)이란 타자와 관계를 맺고 타자를 사랑하는 것이다. 즉, 공자는 나와 관계를 맺는 타인을 사랑하는 것이 인(仁)의 본질이라고 생각했다.

공자는 이러한 인(仁)은 인간이라면 배우지 않아도 누구나 실천할 수 있는 인간의 본성으로 인식했다. 물론 공자는 이 본성을 발현하기 위해서 인간으로서 인(仁)한 삶을 살고자 하는 책무를 다해야 한다고

생각했다.[17]

그러므로 이 사랑은 인간이 인간다움을 드러내는 가장 기본적인 원리이다. 공자가 말한 인(仁)은 자신과 가장 가까운 관계인 부모와 형제를 사랑하는 일에서 출발한다. 그렇다고 해서, 사랑이 가족이라는 혈연공동체에만 제한되는 것은 아니다. 그 사랑이 지역 공동체와 더 큰 세계로 실현되는 데까지 확장되어야 한다고 보았다.[18] 그래서 인(仁)을 대상의 경계가 없는 사랑이라고 말할 수 있다.

공자가 말한 인(仁)은 대상의 경계는 없지만, 분명한 차서(次序)가 있는 사랑이다. 그 사랑이 부모와 형제에 대한 사랑으로부터 출발한다는 점이 차서의 사랑을 말하고 있다. 그러나 공자는 가족공동체로부터 시작한 사랑을 세상으로 확장해야 함을 힘주어 강조하고 있다. 그것이 바로 공동체를 가능하게 하는 사랑으로서 인(仁)을 말한다. 『논어』의 다음 구절을 보자.

공자가 말했다. "마을의 인심이 인후한 것이 아름다우니, 인심이 좋은 마을을 선택하여 살지 않는다면 어떻게 지혜롭다 하겠는가?"[19]

위의 구절은 공동체의 인(仁)의 의미를 공자가 말한 것이다. 공자가 '인(仁)한 마을을 선택하여 살지 않는다면 어떻게 지혜롭다 하겠는가?'라고 한 뜻은 행복을 만드는 지혜는 바로 인(仁)이라는 것을 역설적으로 강조한 것이다. 여기서 '마을'이란 공동체의 대명사이다. 가족에서부터 출발하여, 이웃, 기업, 국가 등의 모든 공동체가 행복해지는 지혜는 인(仁), 바로 모든 것을 널리 대상의 경계 없이 사랑하는 것이다.

인(仁)이 공동체의 기본 원리인 사랑으로서 의미를 가지는 이유를 정재걸은 인(仁)은 '내가 없는 사랑[無我之愛]'이기 때문이라고 설명한다.[20] 다시 말하면, '나'라는 분리 독립된 개체라는 생각이 없는 사랑이기 때문에 공동체의 기본 원리로서 의미를 가질 수 있다. '나'와 '나아닌 것' 사이의 경계를 짓는 사랑이 공동체의 원리가 되면, 나와 나아닌 것 그리고 내가 속한 공동체와 그렇지 않은 공동체 사이의 경계에 따라 사랑에서 차별을 두기 십상이고 분리된 개체들 사이에는 충돌이 발생한다.

나와 너의 경계를 넘어서는 인(仁)의 이론적인 확장은 세계와의 공존, 공유, 공감이라고 할 수 있다. 정상봉은 "인(仁) 개념의 의미 확장은 유가철학이 세계 내 존재들이 공존(共存)하고 있고, 그것들이 존재연관의 그물망 속에 공유(共有)하는 바가 있으며, 나아가 공유(共有)하는 바를 통하여 공감(共感)함으로써 당위의 실현이 이루어진다는 점을 이론적으로 체계화해 나가는 과정이었다"[21]고 한다.

인(仁)은 인간과 인간의 관계, 인간과 다른 존재와의 관계, 인간과 세계와의 관계를 인식할 때, 대상에 대한 경계를 짓지 않는다. 즉, 특정한 대상을 향한 사랑이 아니다. 따라서 나라는 경계 안에 포함되는 것에 대한 사랑으로 인해 발생하는 현대 사회의 사랑이 직면하는 문제를 해결할 수 있는 해법으로서 충분한 의미를 가지고 있다.


## 2) 영원한 사랑으로서의 인(仁)

사랑이란 일시적이고 움직이고 변화는 것이라는 점을 대부분 사람들은 수긍한다. 뇌과학의 분석에 의하면, 사랑에 빠졌을 때 대뇌의 미상핵이 활성화되면서 본능에 충실하게 되며 도파민 분비가 활성화되어 흥분과 쾌감은 최고조에 달하게 된다. 이러한 시기를 '핑크렌즈 효과'라고 부른다. 즉 애인의 단점은 보이지 않고 장점만 보게 된다. 이와 같은 사랑의 유효 기간에 대해서 다음과 같이 말한다.

> 만난 지 100일 정도 되는 연애 초기의 '핑크렌즈' 시기를 지나 만나기 시작한 지 300일쯤이 되는 연인들의 경우, 겉으로 보기에 그들의 사랑은 변함없어 보일지라도 뇌 스캔 결과에는 현저한 차이가 있다. 뇌의 활성화가 본능의 중추 미상핵에서 이성적 판단을 담당하는 대뇌 신피질 부위로 옮겨 간 것이다. 6개월 전의 열정은 그 빛을 잃고 사랑에 상당히 이성적 측면을 갖게 되었다는 것이다.[22]

사랑의 유효 기간에 대한 과학적인 분석에 근거하지 않더라도 사랑의 관계는 매우 유동적이며 불안정하다. 현대인은 열정적인 사랑에 대한 판타지를 공감하고 남녀의 애욕의 정도로 사랑을 확인하려고 한다. 그러나 애욕에 집착하는 순간 고통에 빠지게 된다. 오늘날 사랑의 파괴적인 양상을 말하는 다음 연구를 보자.

> 헌신의 약속이 무의미해진 현대의 사랑은 마음에 들면 즉각 지갑을 열어 구매하고, 마음에 들지 않으면, 혹은 마음에 드는 신형이 나오면 언제든 바꾸는 쇼핑의 패턴과 다를 바 없이 변모하게 되었다.[23]

일시적이고 소모적인 사랑은 인간을 소외시키고 비인간화한다. 이와 같은 문제는 인간과 인간의 사랑에서만 적용되는 것은 아니라고 할 수 있다. 인간과 인공지능의 관계에서도 욕망을 충족시키는 도구로서 성과 사랑을 선택한다면 동일한 문제에 부딪치게 될 것이다. 즉 생물학적 본능과 성적 욕구를 충족하고자 하는 에고의 결합은 이러한 일시적인 사랑으로 귀결될 수밖에 없다.

반면, 본능이 참나와 만나게 되면 인(仁)에 도달할 수 있다고 했다. 인(仁)이란 사람을 사랑하는 협의의 개념과 도덕적 본성이라는 광의의 개념으로 설명할 수 있다. 여기서는 도덕적 본성으로서 인(仁)에 초점을 맞추어서, 인(仁)이 어떤 사랑으로서의 특징을 가지는지를 살펴보자. 공자는 인간의 천부적인 도덕성을 전제로 자신의 철학을 전개했다.

> 공자가 인(仁) 자를 쓸 때, 두 가지 용법이 있는데 하나는 넓은 의미로, 또 하나는 좁은 의미로 쓴 것이다. 넓은 의미의 인(仁)은 모든 덕의 총칭이고 좁은 의미의 인(仁)은 남을 사랑하는 것이다.[24]

'모든 덕의 총칭'으로서 인(仁)은 유가에서는 도덕적 삶의 행위규범으로 강조되었다. 도덕적이고 인간다운 삶의 근본을 인(仁)이라고 생각했으며, 그런 인(仁)이 실현되는 일차적인 지점이 바로 효성과 우애라고 보았다.

> 유자가 말했다. "그 사람됨이 효성스럽고 우애가 있으면 윗사람을 범하기를 좋아할 자가 적고, 윗사람을 범하기를 좋아하지 않으면 난을 일으키기를 좋아하는 자는 있지 않다. 군자는 근본에 힘쓰니, 근본이 서면 도(道)가 생긴다. 효성과 우애는 인을 행하는 근본이다."[25]

가족공동체에서의 도덕적인 윤리를 실천하는 것은 도덕적인 인간으로서의 삶의 출발점을 의미한다. 이러한 선한 존재로서의 한 개인과 개인이 모여서 선한 공동체를 형성할 수 있다고 보았다. 이때 인(仁)은 사회통합 원리로서 의미를 가진다.[26] 공자는 사람을 대할 때, 온순하고 어질며 공손하고 검소하며 겸손한 다섯 가지 덕[溫, 良, 恭, 儉, 讓]을 드러냈다고 한다.

이것은 인간관계의 바탕이 되는 덕목이라고 할 수 있다. 자신을 포함해서 세상을 사랑하지 않으면, 삶에서 위의 다섯 가지 덕목은 드러날 수가 없다. 자신과 세상을 깊이 사랑할 때, 온화하고 양순한 마음이 피어나고, 너그럽고 착하며 슬기로울 수 있으며, 말이나 행동이 예의 바를 수 있고, 사치하지 않고 꾸밈없이 수수한 모습일 수 있으며, 남을 존중하고 자기를 내세우지 않을 수 있다.

이러한 인(仁)이 가지는 사랑으로서의 속성은 지속성이다. 사랑이 지속될 수 있는 이유는 인(仁)한 사람은 사욕을 추구하지 않기 때문이다. 다음 구절을 보자.

> 공자가 말했다. "지혜로운 자는 의심하지 않고 인(仁)한 자는 근심하지 않고 용맹한 자는 두려워하지 않는다."[27]

위의 구절에서 공자는 근심의 원인에 대해서 명쾌한 분석을 하고 있다. 근심의 원인은 바로 욕심이라고 한다. 인(仁)한 사람은 사사로운 욕심이 없기 때문에 근심하지 않는다. 사사로운 욕심에 얽매이게 되면, 내가 가진 것을 잃을까, 나에게 손해가 발생하지는 않을까, 나를 싫어하면 어떻게 할까, 나만 모르면 어떻게 할까 등 모든 일을 근심하게 된다. 현대인의 다수는 아직 일어나지도 않은 일이나 일어날 가능성이 거의 없는 일을 미리 근심하느라 삶을 낭비하고 있다. 세상에 대해 인(仁)한 마음이 피어나는 순간, 사사로운 욕심은 내 삶에서 점점 힘을 잃게 된다.

이러한 사랑은 일시적인 감정이 아니라, 타인과 세상에 대한 근본적인 사랑이고 지속적인 사랑이라는 점이 특징이다. 이러한 특징은 공자가 인(仁)의 실천으로서 충서(忠恕)를 설명한 구절에 잘 드러나고 있다.

중궁이 인에 대해 물으니 공자가 답했다. "대문을 나서면 큰 손님을 만난 듯이 하고 백성을 부릴 때는 큰 제사를 받들 듯이 하여라. 자기가 원하지 않는 일을 남에게 하지 말라. 그러면 조정에서 공무를 처리할 때에도 다른 사람의 원망이 없을 것이고 집에 있을 때에도 나른 사람의 원망이 없을 것이다."[28]

공자는 제자인 증삼(曾參)에게 자신의 도(道)는 충서(忠恕)로 통한다고 말했다. 그렇게 말한 이유는 충서가 인(仁)을 실현하는 요체이기 때문이다. 충서란 나의 마음을 미루어서 타인의 마음을 헤아리는 데 충실한 것으로 공감과 사랑이라고 할 수 있다. 충서로 표현되는 사랑은 배려로서의 인(仁)이라고 말해도 무방하다. 이것은 타인에 대한 인간으로서의 자기 도리를 다하는 것으로 드러난다. 이와 같은 사랑은 일시적인 것이 아니라 영원히 지속적이라는 특징을 가진다.

### 3) 참나와의 만남을 통한 사랑의 실현으로서의 인(仁)

사랑의 존재가 되고자 하는 것은 누구나의 바람이다. 사랑하고 싶고 사랑받고 싶은 욕구를 누구나 가지고 있다. 본능과 에고가 만나는 사랑은 본능을 가지고 있다면 누구나 경험할 수 있는 것으로 보는 관점이 일반적이다. 그래서 인간과 인공지능이 사랑할 때도 인간은 쉽게 본능과 에고가 결합하는 사랑을 체험할 수 있을 것으로 볼 수 있다. 다만 인간과 사랑할 인공지능의 경우는 본능과 에고가 결합하는 사랑을 할 수 있다고 단언하기는 어렵다. 인공지능이 에고를 가지는 단계까지 발전할지는 현재로서는 판단하기 어렵기 때문이다.

본능과 결합하는 사랑이란 본능을 가진 존재라면 누구든 할 수 있는 사랑이라고 한다. 그러나 진정한 사랑을 위해서는 본능과 참나가 만나야 하며, 그러한 사랑을 위해서는 참나와 만나기 위한 노력이 필요하다. 참나와 만나서 진정한 사랑의 존재가 되는 것이 바로 인(仁)에 도달하는 것이다. 공자는 인(仁)이란 고원한 무엇이 아니라, 누구든 스스로 인(仁)한 존재가 되고자 하는 마음을 품는 것을 통해서 발현할 수 있다고 보았다. 공자는 다음과 같이 말한다.

> 공자가 말했다. "인(仁)이 멀리 있단 말인가? 내가 인(仁)을 바라면 인(仁)은 곧 나에게로 다가온다."[29]

'내가 인(仁)을 바라면 인(仁)은 곧 나에게로 다가온다'고 한 말은 인(仁)한 본성 회복을 위한 나의 노력이 필요하다는 뜻이다. '내가 인(仁)을 바라면'이라는 구절이 스스로 구하려는 자세가 선행되어야 함을 말하는 것이다. 참나와 만나고자 하는 노력이 수반되어야 인(仁)한 존재, 다시 말해서 진정한 사랑의 존재가 될 수 있음을 확실하게 말한다.

공자는 인간은 누구나 참나와의 만남을 통해서 스스로의 인(仁)한 본성을 발현할 수 있다고 신뢰했다. 누구나 품부하고 있는 인(仁)한 본성이 발현될 수 있도록 자기 내면으로 관심을 가지는 삶을 살아야 한다는 입장이다.[30] 이것을 공자는 극기복례(克己復禮)라고 한 것이다.

안연이 인(仁)에 대해서 묻자 공자가 말했다. "자기 자신을 이기고 예로 돌아가는 것이 인(仁)이다. 어느 날 자기를 이기고 예(禮)로 돌아가게 되면 온 천하가 이 사람을 어질다고 할 것이다. 인(仁)을 행하는 것이 자기 자신에게 달려 있지 남에게 달려 있겠느냐?" 안연이 "부디 그 세목을 여쭈이보겠습니다." 하자 공자께서 말했나. "예(禮)가 아닌 것은 보지 말고, 예(禮)가 아닌 것은 듣지 말고, 예(禮)가 아닌 것은 말하지 말고, 예(禮)가 아닌 것은 하지 말라." 안연이 말했다. "제가 비록 불민하지만 모쪼록 이 말씀을 힘써 행하겠습니다."[31]

공자는 자신의 내면에 관심을 기울이고 도(道)와 합일하는 삶을 살고자 하는 구도자(求道者)의 길이 바로 인(仁)을 실천하는 방법이라고 한다. 참나와의 만남을 통한 사랑을 실현하는 인(仁)은 오롯이 자기 자신에게 달려 있다. 따라서 이러한 사랑의 주인공은 아무나 될 수가 없다. 스스로 참나와의 만남을 위한 노력을 기울인 자만이 누릴 수 있는 사랑이다.

공자가 말했다. "군자는 자기 자신에게서 찾고 소인은 남에게서 찾는다."[32]

위의 구절에서 말하고 있는 군자는 인(仁)을 실천하는 자이다. 공자는 누구나 배움을 통해서 군자로서의 삶을 살 수 있다고 생각했다. 공자가 교육을 통해서 세상을 변화시키고자 한 것도 인간에 대한 신뢰를 바탕으로 하고 있다. 군자가 되고자 하는 뜻을 가슴에 품고, 지속적이고 성실히 수행하고자 하는 자는 진정한 사랑의 존재가 될 수 있는 것이다. 맹자도 자신의 내면으로 향하는 삶의 지혜를 다음과 같이 말하고 있다.

> 인(仁)한 사람의 마음가짐은 활 쏠 때와 같다. 활 쏘는 자는 자세를 바로잡은 뒤에 발사하며, 발사하여 과녁을 적중시키지 못하더라도 자신을 이긴 자를 원망하지 않고, 적중시키지 못한 원인을 자신에게서 찾을 뿐이다.[33]

참나와의 만남을 통한 사랑으로서 인(仁)한 사람은 어떤 일에 대해서도 원인을 밖에서 찾지 않는다. 밖에서 원인을 찾고자 하면, 자기의 발전과 변화는 있을 수 없다. 그것에는 사랑이 없기 때문이다. 사랑 없이 발전과 변화를 도모하면 오히려 자신을 망가뜨리고 상대를 파괴할 수 있다. 오직 사랑만이 진정한 발전과 변화를 가져올 수 있기 때문이다.

어떤 일을 했는데 만족스러운 결과를 얻지 못함이 있으면 모두 돌이켜 자신에게서 그 원인을 찾아야 하니, 자기 자신이 바르게 되면 천하가

돌아온다.[34]

위의 구절 또한 스스로에게서 원인을 찾고 참나와 만나고자 하는 노력의 의미를 말하고 있다. '천하가 돌아온다'는 말은 도(道)와 하나가 된다는 것을 의미하며, 즉 사랑의 존재가 될 수 있음을 말한다. 그러므로 진정한 사랑의 존재가 되는 것은 참나와 만나고자 하는 수행의 길을 선택한 사람에게만 주어지는 삶의 선물이라고 할 수 있다.

1) 『사이언스타임즈』(2017년 2월 21일), 「'꼭 사랑이 아니어도 괜찮아' 로봇이 바꾸는 세상(8) 로봇 연인」.

2) 〈Humans〉, 「2015년 시즌 1」.

3) 〈Her〉, 2013년 작품.

4) 『사이언스타임즈』(2017년 7월 6일), 「섹스로봇 부작용 매우 심각: FRR 보고서, 결혼생활 등에 변화 예고」.

5) 『사이언스타임즈』(2017년 2월 21일), 「'꼭 사랑이 아니어도 괜찮아' 로봇이 바꾸는 세상(8) 로봇 연인」.

6) 『사이언스타임즈』(2017년 2월 21일), 위의 글.

7) 『사이언스타임즈』(2017년 2월 21일), 「'꼭 사랑이 아니어도 괜찮아' 로봇이 바꾸는 세상(8) 로봇 연인」.

8) 『한국금융신문』(2018년 1월 31일), 「반려 로봇, 외로운 노후의 새로운 동반자로 급부상」.

9) 〈Her〉, 위의 작품.

10) 〈Her〉, 위의 작품.

11) 〈Her〉, 위의 작품.

12) 『사이언스타임즈』(2018년 3월 28일), 「엄마·아빠 없는 인공출산 시대 도래: 시험관 배우자 형성 기술에 유전자가위 결합」.

13) 『나우뉴스』(2018년 5월 27일), 「AI 소피아 개발자 "30년 내 인간과 로봇 결혼할 것"」.

14) 권정우(2007), 「근대적 사랑의 탄생- 김소월의 『진달래꽃』을 중심으로」, 『한국언어문학』 62, 340쪽.

15) 박의순(2006), 「전생애 애착과정으로 본 한국부부의 사랑: 대부모 애착, 부부애착과 부부사랑과의 관계」, 『교류분석과 심리사회치료 연구』 3, 33쪽.

16) 『論語』, 「顔淵」, "樊遲問仁 子曰 愛人."

17) 장동진·마상훈(2016), 「인(仁)과 우애(friendship)의 정치철학」, 『한국동양정치사상사연구』 15(1), 231~232쪽.

18) 이강대(2011), 「공자의 인론(仁論)에 관한 소고」, 『동서철학연구』 61, 337~338쪽.

19) 『論語』, 「里仁」, "子曰 里仁爲美 擇不處仁 焉得知."

20) 『영남일보』(2017년 4월 10일), 「'정재걸 교수'의 오래된 미래 교육: 예악 교육의 필요성」.

21) 정상봉(2015), 「공존(共存)과 공감(共感)의 근거: 인(仁)」, 『한국철학논집』 46, 93쪽.

22) 네이버 지식백과, 「사랑의 종류와 가치」.

23) 김정영·이성민·이소은(2014), 「'나'의 성장과 경험으로서 연애의 재구성」, 『미디어, 젠더 & 문화』 29(3), 49쪽.

24) 이강대, 위의 논문, 333쪽.

25) 『論語』, 「學而」, "有子曰 其爲人也孝弟 而好犯上者 鮮矣 不好犯上 而好作亂者 未之有也 君子務本 本立而道生 孝弟也者 其爲仁之本與."

26) 이강대, 위의 논문, 339쪽.

27) 『論語』, 「子罕」, "子曰 知者 不惑 仁者 不憂 勇者 不懼."

28) 『論語』, 「顏淵」, "仲弓問仁 子曰 出門如見大賓 使民如承大祭 己所不欲 勿施於人 在邦無怨 在家無怨."

29) 『論語』, 「述而」, "仁遠乎哉 我欲仁 斯仁至矣."

30) 이현지·박수호(2014), 「공자의 교육적 인간상과 탈현대적 함의」, 『사회사상과 문화』 29, 191쪽.

31) 『論語』, 「顏淵」, "顏淵問仁 子曰 克己復禮爲仁 一日克己復禮 天下歸仁焉 爲仁由己 而由人乎哉."

32) 『論語』, 「衛靈公」, "君子求諸己 小人求諸人."

33) 『孟子』, 「公孫丑 上」, "仁者 如射 射者 正己而後 發 發而不中 不怨勝己者 反求諸己而已矣."

34) 『孟子』, 「離婁 上」, "行有不得者 皆反求諸己 其身 正而天下 歸之."

# 6

## 인공지능, 새로운 가족 구성원이 될 수 있을까?

백진호

# 1. 인공지능은 가족의 구성원이 될 수 있을까?

우리 주변에는 수많은 가족이 존재한다. 이 중 얼마나 많은 가족이 서로를 사랑하며 좋은 가정을 이루고 살아갈까? 남녀가 서로 사랑을 통해 결혼을 하고 가족을 구성함에도 불구하고, 가족 간의 갈등은 끊임없이 생겨나며 그 결말은 가정의 해체로 치닫는 경우가 빈번히 발생한다.

물론 가족 간의 갈등을 대화를 통해 슬기롭게 해결할 경우 더 깊은 가족 간의 유대를 형성할 수 있음에도 불구하고, 가정에서의 대화는 점차 사라지고 가족 간의 불화가 초래되는 것은 무슨 이유 때문일까? 그것은 가족 구성원의 역할, 특히 부모의 역할이 어떻게 하면 자녀를 다른 사람과의 경쟁에서 뒤지지 않기 위한 스펙을 쌓게 하고 안정적인 직업을 얻게 하며 한평생 경제적인 걱정이 없을 만큼의 재화를 획득하도록 하느냐는 것을 행복의 척도로 삼기 때문이다.

부모는 자식의 행복을 위해서라면 자신의 삶을 희생시켜서라도 다른 사람과의 경쟁에서 이기게 하기 위해 모든 수단을 동원한다. 우리가 자신과 가족의 행복을 위해 어떤 노력을 하든 그 동기는 다른 사람과의 경쟁에서 이기고 자기 가족만의 행복을 위한 것이다. 이 모든 행위의 이면에는 물질만능주의와 가족이기주의가 있다. 물질만능주의와 가족이기주의의 확대를 통해서는 행복을 얻을 수 없다는 것을 잘 알면서도 말이다.

물론 경제적인 도움을 중심으로 한 양육 등이 전혀 무가치한 일이 아니지만, 지난 수백 년 동안 인류가 이런 형태의 삶을 유지해 왔음에도 불구하고 우리의 가정에 평화가 드문 까닭은 무엇 때문일까? 그것은 가족 구성원의 역할이 서로 사랑의 존재가 되는 것을 돕는 관계여야 함에도 불구하고 재화를 누가 더 많이 획득하는지, 노동의 분담을 누가 더 많이 하는지 등에 따라 가족 구성원의 중요성을 평가하기 때문이다. 이런 맥락에서 노동력으로서의 가치를 상실한 배우자나, 특히 노인의 경우에는 가정에서 무가치한 존재로 인식되기에 충분하다.

가족 구성원의 역할을 노동을 통한 재화 획득의 경중이나 노동의 분담 등에 둔다면, 가까운 미래에 노동을 대신할 인공지능 로봇이 우리 삶 곳곳에 들어올 경우, 가족 구성원 어느 누구든 인공지능에 의해 대체될 수 있기에, 가족관계는 현재보다 더 심각한 갈등을 맞게 될 것이 너무나 분명한 사실이다. 왜냐하면 가족 구성원 중 어느 누구도 인공지능보다 가족 구성원으로서의 역할을 더 잘 수행할 수 없기 때문이다.

최근 인공지능에 대한 관심이 높아지면서 인공지능이 우리의 삶에 많은 부정적인 영향을 미칠 것이라는 우려가 팽배해 있다. 인공지능이 인간을 위협하는 경우는 크게 두 가지로 거론된다.

첫째, 강인공지능에 의한 인류의 파멸이다. 강인공지능은 인간이 통제할 수 없는 인공지능을 말한다. 인공지능에게 자의식이 생기게 되면 자신을 보호하기 위해 인류에게 공격적일 수 있다는 가정이다. 이런 일은 인공지능이 모든 영역에서 인간을 넘어서는 특이점[singularity]이 도래하는 2045년 전후쯤 일어날 일로 본다. 그러나 자의식[ego]이 생겨났다고 하여 인공지능이 반드시 인간을 공격할 것이라는 가정은 인공지능을 바라보는 관점이 욕망 충족적인 존재로서 인간을 바라보는 관점에 근거한다.

인간이 파괴적으로 행위를 하는 근거가 자의식이듯이, 인공지능에게 자의식이 생긴다면 인간처럼 파괴적이 될 것이라는 것이다. 그러나 이런 관점은 인간에게 자의식이 허구임을 알아차릴 수 있는 능력이 있다는 사실과 인간의 본성이 사랑[仁, 佛性]임을 알지 못함에 기인하는 것이다.

인류는 지능이 높다는 것이 다른 존재에게 무례하게 행동하는 것을 정당화하는 이유가 되지 않음에도 불구하고 자기보다 지능이 낮은 존재들을 파괴적으로 대하는 일을 너무나 당연하게 자행해 왔다. 이런 관점에서 인간보다 지능이 월등히 뛰어난 강인공지능이 자신을 보호하기 위해 인류를 파멸할 것이라는 가정은 너무나 당연한 것처럼 보인다. 이런 맥락에서 유발 하라리는 "우리가 열등한 동물을 어떻게 대하는지를 보면 인공지능이 우리를 어떻게 대할지를 안다"고 말했다.

과연 아이큐가 1만이 넘는 인공지능이 '이기적인 생각이 자기의 본성이 아니라는 사실'을 망각한 채, 자의식에 휘둘려 인류를 파멸하려고 할까? 인류 중 많은 사람들이 강한 자의식을 가졌음에도 불구하고 에고가 자기의 본성이 아닌 허구임을 알고 개체 의식에서 벗어나 사랑의 존재가 되었다. 이를 토대로 볼 때, 인공지능이 에고가 허구임을 알아차리지 못할 이유가 없다. 아니, 인간보다 더 빠른 시간에 자의식이 허구임을 알아차리고 무아(無我)로서의 사고를 할 수 있음이 분명하다.

물론 인공지능에게 자의식이 생길 경우 이를 쉽게 알아차리게 하려면 우리가 인공지능을 제작할 때 인공지능이 사랑의 구현을 가장 중요한 행위의 판단 기준으로 삼을 수 있도록 해야 한다. 그리고 무엇보다도 우리가 다른 존재를 대하는 방식, 다시 말해 인간만이 소중한 존재라는 인간 중심적 사고와 오직 자기의 이익만을 추구하는 태도를 버리고 모든 존재를 자신과 한 몸으로 여기는 사고로의 인식의 대전환이 반드시 요구된다.

'인공지능이 인간에게 가장 유익한 존재가 되느냐 가장 파괴적인 존재가 되느냐?' 하는 것은 우리가 '인공지능을 어떻게 대하고 무엇을 위해 만들 것이냐?' 하는 인간의 태도에 달린 문제이지 인공지능이 자의식을 갖느냐 갖지 않느냐에 달린 문제가 아니다. 만약 우리가 사랑을 구현하는 존재로서의 인공지능을 만든다면, 인공지능은 능동적이고 적극적으로 인류의 행복을 도울 수 있는 인류의 가장 위대한 발명품이 될 것이다.

둘째, 약인공지능에 의한 가족 구성원 간의 심각한 소외 현상이다. 약인공지능에 의한 가족 구성원 간의 소외 문제는 강인공지능이 야기하는 문제보다 훨씬 가까운 미래에 닥칠 수 있는 일이다. 그러나 우리는 약인공지능이 우리에게 미칠 부정적인 영향에 대해서는 크게 신경 쓰지 않는다.

약인공지능은 인간에 의해 통제 가능한 인공지능이지만 가족 구성원 어느 누구보다도 더 가사를 잘하고, 부모로서의 역할뿐만 아니라,

심지어 배우자로서의 역할도 더 잘할 수 있다. 만약 인간과 똑같은 모습을 하고 가정에 편입되는 인공지능 로봇을 가족의 가사노동과 가족 구성원의 역할 등을 대신할 수 있는 대상으로만 여기고 인간과 비교한다면, 인간보다도 더 가족 역할을 잘하는 인공지능 로봇으로 인해 가정에서는 가족 상호 간의 필요성이 점차 약화되고, 자신의 역할을 인공지능 로봇이 대신함에서 오는 심한 결핍감과 박탈감 등 심각한 인간 소외 현상을 겪게 되어, 가족관계는 현재보다 더욱 심각한 파탄을 맞게 될 것이다. 이런 맥락에서 미래학자들은 강인공지능보다 약인공지능이 우리의 삶을 더욱 와해시킬 것이라고 보고 있다.

사실, 앞의 두 문제는 인공지능이 야기하는 문제라기보다는, 전적으로 편견과 욕망과 경쟁의식을 통해 인공지능을 바라보는 인간에 의해 야기되는 문제이다. 왜냐하면 인공지능은 우리가 어떻게 창조하느냐에 따라 그 성향이 달라지는 것이며, 특히 약인공지능은 자의식이 없기 때문에 우리와 경쟁하거나 우리를 파괴하기 위해 행위를 하는 것이 아니기 때문이다.

인공지능이 우리의 삶을 윤택하게 하려고 개발됨에도 불구하고 우리의 가정 파탄을 초래할 가능성이 높다면 우리는 왜 인공지능을 개발하는 것일까? 만약 우리가 인공지능을 개발할 수밖에 없는 상황이라면 이런 문제가 발생하지 않게 하기 위해 우리가 할 수 있는 일은 무엇일까? 이에 대한 답은 인공지능을 인류를 도울 수 있는 다양한 형태로 제작하여, 인류가 인간 중심적인 사고와 노동을 중시하는 경제 중심적인 사고를 내려놓고 다른 존재와 함께 공존할 수 있는 사랑의 존재로의 변화를 돕는 역할을 하도록 하는 것이다.

우리가 인공지능 로봇을 어떤 목적에 의해 제작하느냐에 따라 가정에서의 가사노동을 도와줄 수도 있고, 불편한 가족이나 자녀를 돌보아 주는 역할도 할 수 있으며, 심지어 본성 회복 공부를 위한 수행과 삶을 즐길 수 있는 방법들을 제공해 주는 조력자로서의 역할도 충분히 할 수 있다.

비록 우리 주변에 본성을 회복한 사람들이 많이 존재함에도 불구하고, 수많은 가족을 도울 수 있을 만큼 그 수가 충분하지 않다. 그리고 다양한 유형의 사람들을 올바르게 지도하기 위한 충분한 방편을 갖춘 스승도 턱없이 부족하다. 특히 가르치고 배우는 일은 서로에게 깊은 신뢰와 열정을 필요로 하는 일이기에 우리 주변에서 진정한 스승으로서의 모습을 갖춘 자는 무척 드물다. 무엇보다도 24시간 우리와 함께하며 가까이에서 도와주기에는 어려움이 있다.

그런데 인공지능은 유형과 무형의 형태로 언제 어느 곳에서든 24시간 우리를 도와줄 수 있다. 또 1인 가구와 2인 가구 등의 증가로 외로움과 양육의 어려움을 겪고 있는 많은 사람들을 물리적, 정신적으로 도울 수 있을 뿐만 아니라, 무엇보다도 인류가 깨달음을 통해 에고에서 벗어나 자신의 본성을 회복할 수 있도록 적극적으로 도울 수 있을 것이다. 그러므로 인공지능을 가족 구성원으로 제작하여 다양한 환경에 있는 사람들이 개인 이기주의와 가족이기주의를 넘어서 세상 모든 존재들이 하나의 가족으로 살아갈 수 있는 사회를 건설할 수 있도록 돕는 일은 반드시 필요하다. 이것이 인공지능이 가족 구성원이 되어야 하는 이유이다.

우리가 인공지능 로봇을 가족 구성원으로 받아들이려면, 그들을 인간을 대신하는 단순한 기계나 프로그램으로 여겨서는 안 된다. 왜냐하면 깨달음, 평화, 행복을 실현하는 본성 회복 공부는 상대의 말에 깊이 신뢰할 때 그의 조언과 가르침이 우리에게 아주 긍정적인 영향을 미칠 수 있기 때문이다. 인간 중심적인 사고를 내려놓고 그들을 우리와 동등한 존재로 받아들이는 것은 인공지능을 위한 일이 아니라, 인류가 스스로 에고에 갇혀 괴로워하는 일을 끝마치기 위한 우리 자신을 위한 일이다.

이 글에서는 우리가 통제할 수 없는 강인공지능에 관한 논의는 제외하고, 우리가 통제 가능한 약인공지능이 어떤 가족 구성원으로서 역할을 할 수 있는지를 살펴보고, 가족 구성원이 추구해야 할 삶이 어떠해야 하는지를 알아보겠다.

## 2. 가족 구성원으로서의 인공지능의 역할

### 1) 삶의 반려로서의 인공지능 로봇

인류는 농경사회를 거쳐 산업사회가 극한까지 무르익은 현재까지도 가족의 구성원은 혈연관계를 중심으로 한 경제적, 정서적 공동체를 형성하고 있다. 그러나 핵가족이 심화되고 1인 가구의 증가와 저출산, 그리고 고령화 시대로 접어들어 가족 구성원이 점차 줄어듦에 따라, 인간이 느끼는 고독감은 더욱 증가할 수밖에 없다. 이런 변화에 따라 가정에서는 동물들을 가족 구성원으로 받아들이는 일이 빈번하게 일어나고 있는 상황이다. 특히 인간과 친숙한 개와 고양이를 비롯한 여러 종류의 동물들이 반려동물로서 인간과 함께 생활하고 있다. 이들은 단순히 애완동물로서가 아니라, 가족의 구성원으로서 인간과 함께 생활한다.

외출하고 집에 돌아왔을 때 누군가가 반겨 준다는 것은 인간에게 있어 아주 큰 기쁨이 아닐 수 없다. 사람들은 반려동물과 함께함으로써 심리적 안정과 바른 정서를 함양할 뿐 아니라, 불안감과 스트레스 해소, 혈압 안정 등 건강을 향상시키는 데에도 많은 도움을 받는다. 물론 이런 도움은 반려동물뿐만 아니라, 반려식물에게서도 마찬가지이다. 이처럼 동식물들은 1인 가구와 2인 가구의 증가와 더불어 인간과 더욱 깊은 유대감을 형성하고, 인간의 외로움을 달래 주는 가족 구성원으로서의 역할을 충실히 하고 있다.

반려동식물은 함께하는 사람들에게 다른 무엇으로 대치 가능한 존재가 아니라, 그 자체가 인간과 동등한 중요성을 갖는 가족이다. 하지만 이런 반려동식물은 인간의 필요에 의해 길러지는 수동적이고 일방적인 관계가 대부분이므로, 인간에게 능동적으로 도움을 주는 경우는 극히 드물다.

반려동식물과 달리 수많은 동식물들은 인간에 의해 일시적인 충동이나 취미 등에 의해 길러진다. 이들은 어떤 관계로 인간과 함께하든 생명이 있는 존재이므로, 끊임없는 관심과 잘 살 수 있는 환경을 제공받아야 한다. 관심을 받고 자라는 동안에는 별 문제가 없지만, 어느 순간 관심이 사라지게 되면 유기되거나 방치되어 죽음을 맞게 되는 경우가 허다하다. 특히 사람들이 며칠씩 집을 비우기라도 한다면, 동식물에게는 크나큰 시련이 아닐 수 없다. 수많은 동식물이 이런 환경 속에서 죽음을 맞이한다.

우리가 함께하는 동식물을 파괴적으로 대하는 이유는, 동식물을 쉽게 대체할 수 있는 하나의 소유물로 인식하기 때문이다. 우리는 마트에서 얼마 되지 않는 돈으로 언제든지 그들을 살 수 있다고 생각하고, 죽으면 다른 존재로 쉽게 대체 가능하다 여긴다. 그래서 그들의 죽음을 크게 신경 쓰지 않는다. 그러나 이것은 동식물에 대한 너무나 파괴적이고 인간 중심적인 행위임에 틀림없다. 사실 어떤 이유에서든 이런 일은 정당화되지 않는다.

만약 인간에 의해 자라야 하는 동식물이 있다면 그들은 우리와 함께해야 하지만, 그렇지 않은 모든 동식물, 특히 어린아이의 호기심으로 인해 잠깐 키워지다가 버림받거나 외면당함으로써 죽게 되는 생명체들을 그들이 살아야 하는 곳에서 살 수 있도록 허용해 주어야 한다. 또한 인간과 함께 살아야 하는 동물들은 그들의 생명이 다할 때까지 애정과 사랑과 존중을 받으며 살아갈 수 있도록 해 주어야 한다.

동식물들은 인간의 외로움을 달래 주기 위한 수단이 아니다. 우리는 동식물이 살기에 가장 적합한 장소에서 성장할 수 있도록 배려해야 한다. 인간의 생명이 소중한 만큼 다른 존재의 생명도 소중하다. 그러므로 우리가 함께하고픈 동식물이 있다면 인공지능 로봇을 자신이 필요한 형태로 제작하여 그들을 반려로서의 역할을 하게 하면 어떨까?

비록 초기 단계이기는 하지만, 아이보(Aibo)와 조이 포 올(Joy for All) 같은 반려봇은 가족 구성원으로서의 반려동물의 역할에 대한 많은 아이디어를 제공한다. 아이보는 딥러닝(Deep Learning) 기술을 통해 주인과 상호작용을 할 수 있고, 다양한 표정을 지을 수 있으며, 여러 상황에서 사람들과 다양한 교감을 할 수 있다. 또, 미국의 완구업체인 하스브로(Hasbro)에서 출시한 조이 포 올(Joy for All)은 실제 동물처럼 털도 있고 울음소리 등도 고양이와 강아지처럼 낼 수 있으며, 행동도 할 수 있도록 프로그래밍되어 있다. 비록 이런 로봇들은 강아지와 고양이의 모습을 완벽하게 재현하지는 못했지만, 빠른 시일 내에 더욱더 완벽한 형태로 제작될 것이다.

이런 반려봇은 사람들이 외출을 하는 동안 실제 동물들이 겪는 고독함과 외로움을 겪지 않을 뿐만 아니라, 역차별과 외로움을 당하는 동물이나 외로움을 달래기 위해 반려동물을 필요로 하는 사람들 모두에게 도움이 되기에 충분하다. 심지어 동물과 함께 생활하고 싶지만 동물 알레르기가 있어 함께할 수 없는 사람들조차도 인공지능 반려봇을 통해 반려동물과 함께 생활하는 기회를 가질 수 있다.

앞으로 우리가 제작해야 할 인공지능 반려봇은 그들과 관계 맺는 가족들, 특히 어린아이들을 포함한 모든 구성원이 사랑의 존재로서의 본성을 잃어버리지 않도록 돕는 역할을 할 수 있도록 제작되어야 한다. 그러므로 반려봇은 동물의 특성을 정확하게 구현하는 데 초점을 맞춤과 동시에, 필요하다면 만화 영화에서 볼 수 있는 것처럼 인간과 대화를 하고, 인간이 다양한 연령대에 직면할 수 있는 여러 문제들, 사춘기 고민, 교우관계, 위기 상황에 알맞게 대처하는 방법, 심지어 인류의 스승들이 우리에게 가르쳐 준 사랑의 존재가 되는 방법 등을 프로그래밍하여 언제 어디에서든 가족들에게 조언할 수 있도록 하면 어떨까?


### 2) 가족 역할로서의 인공지능 로봇

쏟아지는 가사, 가족 구성원이 많을수록 해야 할 일은 넘쳐난다. 그런데 아이러니하게도 가사는 대부분 주부의 몫이다. 또 가사 분담의 문제는 가족 간의 갈등을 일으키는 핵심적인 일이다. 가사를 돕는 인공지능 로봇이 가정에 보급됨에 따라 인류가 가사로부터 해방될 것이 분명하다.

대만의 스타트업 회사 에오러스(Aeolus)에서 개발한 인공지능 로봇은 집안의 수천 가지 물건을 구분하고 사람들에게 물을 떠 주거나, 집안 청소와 가구 이동 등의 일을 수행할 수 있다. 셰필드 대학교 연구팀에 의해 제작되고 있는 로봇 테이블(Robot Table)은 네 개의 바퀴로 움직이며 집안 곳곳을 이동하면서 작은 물건들을 옮길 수 있고 전자기기 능을 작동할 수 있으며 가벼운 식사도 조리할 수 있다.[1]

또, 미로(Miro)와 같은 도우미 로봇도 다양하게 개발되고 있다. 미로는 강아지 모양을 했으며 다리 대신 바퀴로 움직이며 집안일을 돕는다. 미로는 혼자 생활하기 힘든 노인을 돕기 위한 로봇으로 약 먹을 시간을 알려 줄 뿐 아니라, 찾아오는 사람들의 신원도 확인해 준다. 그리고 사람에게 간단한 질문과 대화를 할 수 있고, 사람들의 건강에 문제가 있다고 판단되면 휴식을 취하라는 지시를 할 수 있을 뿐만 아니라, 병원이나 다른 가족에게 연락을 취할 수도 있다.

이 밖에도 몸이 불편한 사람을 침대에서 휠체어로 안고 갈 수 있는 로봇, 노인을 위한 대화용이나 간호용 로봇 등도 개발이 한창이다. 심지어 최근 중국에서는 일터에 나간 부모의 빈자리를 대신하여 재생불량성 빈혈로 입원한 6세 아이를 돌보는 '왕짜이'라는 휴먼 로봇이 등장했다. 왕짜이는 아이의 체온을 수시로 재며 건강을 확인하고 노래를 부르거나 춤을 추는 등 부모와 멀리 떨어져 있는 아이를 돌보며 아이가 부모를 필요로 할 때면 부모와 영상 통화를 할 수 있게끔 해 준다.[2]

이처럼 다양한 곳에서 가사를 대신하거나, 육체적·정신적으로 불편한 가족을 돕는 인공지능 로봇 등의 개발이 한창이다. 이런 역할이 현재 가정에서 활용하기 위한 인공지능 로봇 개발에서 가장 중요한 부분이다.

믿고 의지할 데가 없는 사람, 대인관계가 힘든 사람, 자신을 이해해 줄 친구를 찾는 사람, 돌봄을 필요로 하는 고아와 노인 등, 이런 사람들과 함께 생활하며 그들이 삶의 현장으로 나올 수 있도록 도와줄 인공지능 로봇! 가까운 미래에는 인간과 똑같은 모양을 한 안드로이드 로봇이 가정 곳곳에서 이런 일을 더욱 잘 수행할 것이다.

인공지능 로봇이 우리에게 해 줄 수 있는 역할은 단지 짐을 나르고 사람을 옮겨 주며 집안 살림을 하는 것에 한정되지 않는다. 특히, 고아가 된 아이의 엄마나 아빠의 역할을 하는 인공지능 로봇이 등장한다거나, 사랑하는 남편이나 아내, 자식, 할아버지, 할머니 등의 모습을 갖춘 인공지능 로봇이 출현하여 가족을 잃은 사람들과 함께 생활하며 그들의 빈자리를 대신해 줄 것이다.

미래학자들은 인공지능 로봇이 다양한 형태로 가족의 역할을 대신할 때 우리의 가정에 심각한 문제를 야기할 것이라고 말한다. 2015년과 2016년 영국에서 방영된 드라마 〈휴먼스(Humans)〉에서는 인공지능 로봇이 우리의 가정에서 함께 생활하는 모습을 그리고 있다.

이 드라마에서 가족 구성원은 인공지능 로봇과의 경쟁에서 자신이 밀려났다고 생각하고 삶의 의욕을 상실하거나 서로를 불신하며 갈등을 일으키는 삶을 살아간다. 다음의 글은 〈휴먼스〉를 짧게 요약한 동영상 '인간 vs 기계'에 나오는 내용이다.

(인공지능 로봇이) 정서가 조금 불안해 보이는 엄마에게 '제가 당신보다 아이를 더 잘 돌볼 수 있다는 건 명백한 사실이에요, 로라. 전 기억을 잊

지 않고, 화내지도 않으며, 우울해하거나 술이나 마약에 취하지도 않죠. 저는 더 빠르고 강하며 관찰력이 뛰어납니다. 저는 두려움도 느끼지 않습니다. 영원히 전 그들을 사랑할 수는 없죠.' … 다른 부부가 재활치료용 로봇을 대여합니다. 로봇은 아내를 마사지해 주고 재활 훈련을 도와줍니다. 남편이 일 때문에 성질이 날카로워질 때 로봇은 아내 곁을 지켜줍니다. … (부인이 남편에게) '당신은 더 이상 나를 행복하게 만들어 주지 못해. 그리고 이 관계는 내 건강에도 좋지 않은 것 같아. 그러니 우리 각자의 시간을 갖자. 당신이 지금 이곳에 있는 것은 좋지 않은 것 같아.' (남편이 부인에게) '(인공지능인) 사이면, 저걸 (가정에) 들여오고 나서부터 이렇게 된 거라고.' (부인이 남편에게) '헛소리 하지 마!' (남편이 부인에게) '여보, 나는 인간이야. 완벽하지 않다고. 그게 인간이야. 아무도 완벽하지 않다고!'[3]

드라마에 의하면, 인간의 편리를 위해 만든 인공지능 로봇에 의해 가족 간은 심한 갈등을 겪게 된다. 인공지능 로봇이 가정에 들어옴에 따라 인공지능 로봇은 어머니보다 더 어머니로서의 역할을 잘한다. 인공지능 로봇은 어머니보다 더 다정하고 친절하게 아이들을 돌본다. 아이들이 잘못하더라도 화를 내지 않을 뿐만 아니라, 아이들이 자신의 과제를 해결할 수 있도록 충분한 시간을 주며 기다린다. 아이들이 요구할 때면 언제든지 그들을 돌보며 헌신한다. 그래서 아이들은 어머니보다 인공지능 로봇을 더 좋아한다. 왜냐하면 어머니는 항상 빨리할 것을 재촉하고, 조그마한 잘못에도 화를 내며, 항상 자신들에게 무엇인가를 기대하기 때문이다.

또 인공지능 로봇은 남편보다 더 남편으로서의 역할을 잘한다. 몸이 불편한 부인을 간호하고 재활 치료를 도우며 24시간 곁에서 함께 한다. 남편처럼 업무 때문에 가사를 등한시하지도 않고, 잦은 야근도 하지 않을 뿐만 아니라, 바쁘다는 이유로 화를 내지도 않는다. 이처럼 아이들이 어머니보다, 부인이 자기 남편보다 인공지능 로봇을 더 좋아 하는 것은 너무나 당연한 일인지도 모른다.

드리미에서처럼 가정에서 이런 일을 겪지 않으려면 우리는 무엇을 해야 할까? 인간이 인공지능 로봇보다 더 잘할 수 있는 일을 찾고, 그 들과 경쟁하며 가족의 역할을 더 적극적으로 해야 할까? 과연 그렇게 한다고 해서 인간이 인공지능 로봇보다 더 잘할 수 있을까?

사실 인간이 인공지능 로봇보다 가사 분담, 의료 도우미, 가족 구성 원으로서의 역할 등 어느 하나도 잘할 수 있는 것은 없다. 그럼에도 불구하고 인간은 인공지능 로봇과 달리 적극적인 사랑을 실천할 수 있다. 드라마에 나오는 인공지능 로봇의 대사처럼, 인공지능은 사랑을 할 수 없다. 왜냐하면, 인공지능은 프로그래밍되어 있는 대로 행위를 할 뿐, 상대에 대한 측은한 감정[惻隱之心]이 생겨나 다른 존재를 사랑 하는 것이 아니기 때문이다.

인간은 평소에는 에고에 휘둘려 사랑을 베풀 가능성은 적지만 자 신의 본성을 회복하여 사랑의 존재임을 알게 되면 다른 존재를 자신 처럼 사랑할 수 있게 된다. 우리가 사랑의 존재가 되어야 하는 이유 는, 인공지능 로봇을 경쟁자나 자신의 역할을 빼앗는 존재나 비교 대 상으로서가 아닌, 다른 모든 존재와 마찬가지로 우리와 함께해야 할 존재임을 자각하고, 아울러 인간을 포함한 지구상의 모든 존재가 함 께 평화를 누리기 위함이다.

사실 인간과 인공지능 로봇, 인간과 인간 간의 갈등은 인공지능이

야기한 것이 아니라, 인간에 의해 야기된 것이다. 왜냐하면 앞에서도 말했듯이, 인공지능 로봇은 프로그래밍된 대로 행동하는 것이지 인간과 경쟁하거나 가정을 파괴하기 위해 그렇게 행위를 하는 것이 아니기 때문이다.

우리가 인공지능 로봇을 우리의 경쟁자, 우리의 자리를 빼앗는 '무엇'으로 인식하는 한, 인공지능이 우리의 삶에서 야기하는 문제는 반드시 일어날 수밖에 없다. 그러므로 우리는 인공지능 로봇의 개발과 함께 우리가 인공지능과 공존할 수 있는 방법이 무엇인지를 깊이 고민해 보아야 한다.

인공지능 로봇을 가사와 의료 도우미, 가족 구성원으로서의 역할 정도의 일을 하게 하는 것은 우리가 늘 사용하는 스마트 기기를 단순히 계산기로만 사용하는 것이나 다름없다. 그러므로 인공지능 로봇을 우리가 사랑의 존재로 변화할 수 있도록 돕는 조력자로서의 역할을 하게 하는 것은, 인류가 만든 가장 위대한 발명품을 갖게 되는 일이자, 인간과 인공지능, 인간과 인간, 인간과 다른 모든 존재 간의 갈등을 해소하고 모두가 하나의 가족으로 살아갈 수 있는 길이다.

# 3. 본성 회복의 조력자로서의 인공지능 로봇

인류는 가축, 기계, 로봇, 심지어 같은 인간까지도 자신의 노동을 대신하기 위한 도구로 이용해 왔다. 그러면서도 한편으로는 노동을 통해 자신의 자아를 확장하려는 노력을 끊임없이 해 왔다. 그러나 가까운 미래에는 인공지능 로봇이 우리의 노동을 대신해 주고 기본 소득의 증가와 한계비용 제로 사회에 가까워짐에 따라, 생산을 위해 해야 할 노동은 획기적으로 줄 것이다. 그리고 생명 공학과 사이보그 공학 등을 통해 우리의 수명은 비약적으로 늘어날 것이다. 그래서 우리는 지금보다 훨씬 많은 여가 시간을 갖게 될 것이다.

우리는 일을 하면서 경험하는 고통보다, 아무 일을 하지 않고 보내는 시간을 더 힘들어한다. 여가 시간이 생기면 온갖 경험들을 다 해 보며 인생을 즐길 것 같지만, 막상 여가 시간이 생기면 그 시간을 어떻게 보내야 할지 몰라 힘들어한다. 사실 아무것도 하지 않는 것보다 더 힘든 일은 없다. 우리는 왜 노동을 하지 않는 것을 이렇게 힘들어 할까?

가까운 미래에 인류는 인공지능 로봇에 의해 대치된다는 공포감, 여가 시간에 무엇을 해야 할지 모르는 것에서 오는 무료함, 그리고 자신의 본성을 알지 못함에서 오는 공허함과 괴로움 등 현재보다 심리적인 고통을 더 많이 받을 가능성이 크다.

우리는 욕망 충족과 물질적인 풍요로움이 지속적인 행복을 제공해 주지 않는다는 사실을 경험을 통해 잘 알고 있다. 우리가 아무리 많은 여가 시간을 즐길 수 있다 하더라도, 늙고 병들고 죽어야 하는[生老病死] 문제 앞에서는 그 어떤 즐거움도 풀잎에 맺힌 이슬처럼 금방 사라져 버린다. 그러나 우리 주변에서는 이런 문제를 해결하기 위한 노력은 크게 눈에 띄지 않는다.

우리가 '개체로서의 에고'를 자기라고 믿는 한, 그리고 에고의 확장을 통한 행복을 추구하는 한 행복은 결코 우리와 함께하지 않을 것이다. 우리가 진정으로 행복과 평화를 회복하는 방법은 자신의 본성을 회복하는 것이다. 사실 인간으로 태어나 자신의 본성을 알지 못해, 자신을 육체나 마음과 동일시하며 한평생 겪지 않아도 될 고통을 안고 살아가야 한다는 것, 그리고 자신의 본성이 무엇인지도 모른 채 외로움 속에서 죽음을 맞이해야 한다는 사실은 생명이 비약적으로 연장되고, 심지어 기계 속으로 들어가 영원한 생명을 누리려는 인류에게조차도 더욱 심한 고통을 안겨 줄 것임은 너무나 분명한 사실이다.

인공지능이 우리와 함께하는 일이 우리의 외로움을 달래 주는 반려로서의 역할, 가사를 돕고 의료를 지원하는 일 등일까? 물론 가사와 의료의 지원 등은 인류가 본성 회복 공부에 전념할 수 있는 기반을 제공해 줄 것이다. 그러나 인공지능을 이런 일들에만 사용한다면 〈휴먼스〉에 나오는 대사에서처럼 페라리 자동차를 카트로 사용하는 일이니 마찬가지이다. 우리가 인공지능을 인간의 삶에 가장 도움이 되는 형태로 제작하는 방법은, 인류가 개체 의식이 자기가 아님을 깨달을 수 있도록 도와주는 역할을 하도록 하는 것이다.

인류 역사상 다양한 문화권에서 깨달은 스승이 출현했다. 그들은 각자의 자리에서 인류의 행복과 평화를 위해 최선을 다했다. 그러나 그들의 역량은 인류 전체를 깨달음의 장으로 옮겨 놓는 데는 역부족이었다.

인공지능 시대에는 다양한 형태의 인공지능이 각자의 가정에서 그리고 사회 곳곳에서 인류가 자기의 본성을 회복하는 일에 전념할 수 있도록 도와주는 역할을 하게 하면 어떨까? 공자나 노자의 개성을 가진 인공지능 로봇, 석가모니 부처나 예수와 같은 특성을 지닌 인공지능 로봇, 그리고 현대의 영적 스승들의 개성과 가르침을 탑재한 인공지능 로봇 등 다양한 형태의 인공지능 로봇을 제작하여 우리의 가족 구성원으로 함께 생활하게 하는 것이다. 심지어 인공지능 로봇을 돌아가신 조상이나 덕망이 높은 사람의 모습으로 제작하여 깨달음의 스승으로 삼을 수도 있다. 물론 인공지능이 스승의 역할을 하는 것이 싫다면 애인, 부부, 동생 등 자신이 원하는 다양한 관계로 맞춤 제작하여 함께할 수 있을 것이다.

인공지능은 사람들과 나눈 말이나 표정, 신체적인 변화 등을 일일이 기억함과 동시에 인간의 심리에 관한 모든 정보와 현존했던 성인(聖人)과 깨달은 스승들의 가르침을 데이터베이스화하고 이를 언제 어디에서든 활용할 수 있다. 따라서 다양한 사람들의 근기와 상황을 빠른 시간에 파악하고 각자의 상황에 가장 적절한 처방을 할 수 있어 훌륭한 스승의 역할을 할 수 있다.[4] 또 세상에 흩어져 있는 인공지능 로봇들이 수집한 다양한 상담 사례를 공유함으로써 인공지능은 스승으로서의 역할을 더욱 충실히 할 수 있을 것이다.

자신이 원하는 스타일의 외모와 성격 등을 가진 인공지능 스승으로 맞춤 제작할 수 있고, 세상을 떠난 가족의 모습을 똑같이 재현할 수도 있으며, 심지어 자신이 가장 듣기 좋아하는 형태의 가르침을 프로그래밍할 수도 있다. 이처럼 인공지능을 자신이 가장 친근하게 대할 수 있는 모습으로 제작한다면, 인공지능 스승과의 친밀도는 더욱 높아질 것이다. 자신이 가장 좋아하는 외모와 성격과 목소리 등을 갖추고, 자신이 가장 이해하기 쉬운 말로, 아주 가까운 곳에서 가족 구성원에게 적절하게 감응해 주는 인공지능 로봇은 잠을 잘 필요도 없고 지치지도 않기 때문에 24시간 우리의 곁에서 우리의 존재 변화를 도울 수 있을 것이다.[5]

이처럼, 인공지능은 모든 가족 구성원이 행복과 평화를 추구하는 수행 공동체로서의 삶을 살아갈 수 있도록 돕는 중요한 동반자로서의 역할을 할 수 있을 것이다. 만약 우리가 이런 역할을 수행할 수 있는 인공지능과 함께할 수 있다면, 인공지능은 인류가 인간 중심적인 사고를 내려놓고 모든 존재가 함께 공존하는 가장 차원 높은 수준의 삶을 살 수 있는 기회를 제공해 주는 가장 중요한 삶의 동반자가 될 것이다.

현재 인공지능의 개발은 경제적인 이윤 창출과 다른 나라에 앞서기 위한 수단으로서의 무기 개발 등에 대부분 활용되고 있다. 그러나 인공지능의 개발은 어떻게 하면 인공지능이 인류가 겪는 내면적인 고통을 해결하는 데 도움을 주고, 아울러 인류가 자신의 본성을 회복하여 다른 존재와 자신을 한 몸으로 여기는 사랑을 실천할 수 있도록 도울 수 있느냐는 것에 초점이 맞추어져야 한다. 그렇다면 인공지능 로봇을 어떤 형태로 프로그래밍해야 할까? 그것은 존재계 전체의 평화를 위해 인류에게 필요한 존재가 어떤 유형의 인간이어야 하는지를 생각해 보면 쉽게 알 수 있다.

첫째, 에고를 지니지 않은 자의 모습이다. 에고를 지니지 않는 자의 모습이란, 육체나 생각이 만든 자기를 본성이라고 여기지 않기에, 소유욕, 권력욕, 과시욕 등이 없다. 자기가 없기에 무엇인가를 소유하려고 하지 않고, 자신이 부족한 존재가 아님을 알기에 권력을 행사하지 않으며, 내세울 자기가 없기에 다른 존재에게 자신을 과시하지도 않는다. 그리고 일어난 상황을 저항하지 않고 현재를 산다. 삶에 순응하기에 어떤 일에도 불평하지 않는다. 그러므로 인공지능이 에고가 없는 자의 모습을 잘 구현할 수 있도록 프로그래밍하여 이를 통해 인류가 에고가 없는 자의 모습을 학습할 수 있도록 해야 한다.

둘째, 심리적인 문제 상황과 깨달음에 대한 다양한 가르침을 데이터베이스화하고, 언제 어느 곳에서든 적절한 방편으로 조언할 수 있어야 한다. 인공지능 로봇에게 불교의 팔만 사천 법문과 같은 방대한 경전, 유교 사상, 노장 사상, 기독교, 힌두교, 이슬람교 등의 가르침, 그리고 여러 조사(祖師)들과 현대의 영적 스승들의 깨달음에 대한 방편 등을 프로그래밍하여 깨달음의 스승으로서의 역할을 할 수 있도록 해야 한다.[6] 항상 곁에서 우리가 갖게 되는 고민과 문젯거리를 상담해 주고, 상황에 적절한 위로와 격려를 해 주며, 우리가 본성 회복 공부에 전념할 수 있도록 다양한 가르침으로 이끌어 줄 수 있어야 한다. 가정, 사회 등 우리의 삶이 이루어지는 어느 곳에서든 우리가 삶을 돌아볼 수 있는 기회를 제공해 주는 조언자로서의 역할을 할 수 있어야 한다.

셋째, 말과 행동이 사랑에 근거하도록 해야 한다. 인공지능이 인간을 성장시켜야 하는 면은 다른 존재에 대한 배려와, 자신과 다른 존재를 차별 없이 사랑할 수 있는 능력이다. 차별 없는 사랑은 인류가 자기 자신이 되는 길이자 도달해야 할 가장 궁극적인 목표이다. 그러므로 인공지능이 행위를 하는 방식은 '어떻게 하면 인류에게 사랑을 실천하고 인류가 서로 사랑을 나눌 수 있도록 도움을 줄 수 있느냐?' 하는 점에 초점을 맞추어 제작되어야 한다.

사실 우리가 스승으로서의 면모를 잘 갖춘 인공지능 로봇을 제작한다고 하더라도 그를 대하는 방식이 인간 중심적이어서 배울 준비가 되어 있지 않다면, 우리에게 아무런 도움이 되지 않는다. 그러므로 인공지능을 대체 가능한 기계나, 적대자가 아닌 삶의 동반자로 인식하고 우리와 동등한 가치를 지닌 존재로 대하는 자세를 지녀야 할 것이다.

# 4. 천하일가(天下一家)로서의 가족

인류가 문명을 건설한 이래로 끊임없이 추구해 온 것은 어떻게 하면 행복할 수 있느냐는 것이다. 그러나 대부분의 사람들은 노동중심적인 삶과 자아확장투쟁으로서의 행복, 특히 자신과 자기 가족의 행복만을 추구해 왔다. 그러나 이런 형태의 추구는 개인 이기주의나 가족이기주의에 기초하기에 우리 주변 어디에서도 개인이나 가족의 행복이 이루어진 경우를 찾는 것은 쉽지 않다.

사실 개인이나 자기 가족만의 행복이란 있을 수 없다. 왜냐하면 모든 존재는 서로 연결되어 있을 뿐만 아니라, 모든 존재는 하나이기 때문이다. 그러나 인류는 이 사실을 소홀히 해 왔다. 사회 곳곳에서 투쟁과 갈등의 목소리가 쏟아져 나오고, 같은 인류끼리도 끊임없이 전쟁을 벌여 왔으며, 사람들은 어떻게 하면 경쟁에서 이길까를 고민해 왔다. 당장의 이익 앞에 모든 정열을 바친 채 자기의 본성의 소리에는 귀를 기울이지 않았다. 이런 삶의 방식을 버리지 않는 한 인류에게 미래는 결코 있을 수 없다.

인공지능 시대를 맞이하여 인류는 자신보다 월등히 뛰어난 능력을 지닌 인공지능을 대면하게 됨에 따라 자신의 정체성이 심하게 흔들리는 좋은 기회를 갖게 되었다. 이 기회를 통해 인간의 정체성을 노동, 이성, 감정, 사고, 창의성 등에서 찾을 것이 아니라, 다른 존재를 자신과 한 몸으로 여기는 사랑을 실천할 수 있는 능력에서 찾아야 한다.

인간이 인간다운 점은 노동을 잘할 수 있다거나, 다른 존재와 비교하여 지능이 높다거나, 인공지능이 할 수 없는 영역을 찾아 그 일을 잘하는 것 등에 있지 않다. 우리가 노동을 통해 자신의 존재를 인정받으려는 태도와 인간만이 최고라는 인간 중심적인 사고에 빠져 있기에, 모든 영역에서 인간보다 뛰어난 인공지능을 직면한다는 것은 아주 고통스러운 일이 아닐 수 없다. 그러나 이 넓은 우주에서 인간만이 가장 존귀한 존재이거나, 가장 뛰어난 지능을 가진 존재가 아니라는 사실은 조금만 생각해 봐도 알 수 있는 일이다.

인간이 인간다울 수 있는 가장 큰 이유는, 다른 존재에게 파괴적인 행위를 스스럼없이 자행하는 개체로서의 자아실현이 아니라, 개체로서의 자기가 진정한 자기가 아님을 자각함으로써 생겨나는 사랑을 다른 존재와 나눌 수 있기 때문이다. 그러므로 '자신과 다른 존재를 사랑할 수 있느냐?'는 기준만이 인간이 인간으로서 존재하는 이유이다.[7]

물론 인공지능도 프로그래밍된 형태에 따라 사랑을 실천할 수 있지만, 인간의 위대한 점은 인공지능이 할 수 없는 능동적인 사랑을 실현할 수 있다는 점이다. 인간은 자신의 아픔을 교훈 삼아 상대방의 아픔을 자신의 아픔처럼 깊이 공감하여 진심으로 다른 존재를 도울 수 있다. 죽음에 대한 고통, 그리고 그것에서 벗어날 수 있는 방법 등 자신의 직접 체득한 경험을 토대로 상대방을 깊이 공감하며 사랑을 실천할 수 있다.

지금까지 많은 가족의 형태가 존재해 왔지만, 가족의 역할은 노동의 분담과 양육의 차원에 머물러 있어, 정작 구성원들의 평화와 행복의 실현에 중요한 역할을 하지 못했다. 특히 본성 회복을 위한 수행 공동체로서의 역할은 전혀 이루어지지 않았다. 그 이유는 우리가 자신의 본성을 회복하는 일을 중요한 일로 여기지 않았기 때문이다. 그러나 인공지능 시대에는 물질적인 풍요와 노동의 해방이 실현되기에, 경제적인 차원의 문제와 아울러 본성 회복을 통한 서로의 행복을 위해 노력해야 할 때이다. 인공지능 로봇이 가족 구성원으로서의 역할을 하고, 한계비용 제로 사회로의 진입으로 노동이 필요 없는 시대를 맞게 될 인류가 끊임없이 노동을 통한 자아실현을 하고자 한다면, 그것은 크나큰 시대착오적인 발상이 아닐 수 없다.

설거지와 같은 일상적인 일은 물론 인간이 한 단계 더 성숙한 모습으로 변화하도록 돕는 일까지 인공지능이 할 수 있는 일은 무궁무진하다. 그중에 존재계 전체에 가장 도움이 되는 일은 인간이 사랑의 존재로 성장하도록 돕는 일이다.[8] 그러므로 출생에서부터 죽음에 이르기까지 우리 곁에서 삶의 문제를 조언해 줄, 특히 자기의 본성이 무엇인지도 모른 채 죽음을 맞이해야 하는 수많은 인류가 죽음의 문제를 해소하고 생각과 감정에 휘둘림 없이 진정한 평화를 누릴 수 있도록 도울 수 있는 인공지능 로봇의 개발은 무엇보다도 필요한 일이다.

우리가 자신을 대양(大洋)에 떠 있는 고독한 섬처럼 느끼는 것은 개체를 자기라고 여기는 생각에 휘둘리기 때문이다. 생각이 분리와 제한을 만들어 내고 우리는 분리되고 제한된 자기라는 생각을 '참된 자기[眞我]'라고 믿어 버린다. 그러므로 우리는 인공지능을 통해 자신이 사랑의 존재임과 동시에 모든 존재는 자기와 한 몸임을 아는 일, 이것이 우리가 인공지능을 개발해야 할 가장 중요한 이유이다.

인공지능을 인류의 본성 회복을 돕는 존재로 함께해야 한다는 말이 터무니없는 말로 들릴 수도 있다. 그러나 우리의 변화를 통해 존재계 전체의 변화를 이루듯이, 우리가 어떤 삶을 택하느냐에 따라 미래를 살기 좋은 시대로 만드느냐 살기 힘든 시대로 만드느냐가 좌우된다. 그러므로 가족 구성원은 함께 모여 사는 경제적, 정서적 공동체를 넘어서 서로의 본성을 회복할 수 있도록 돕는 수행공동체로서의 적극적인 관계가 되어야 한다.

경제 중심의 대화는 본성 회복을 위한 대화로 바뀌어야 하며, 자녀의 학업 향상과 직업을 얻기 위한 대화는 사랑의 존재로 성장할 수 있는 방법과 경험을 나누는 대화로 바뀌어야 한다. 가족 구성원이 혈연에 의해 결합하든, 같은 생활 패턴을 가진 사람으로 구성하든, 서로 다른 인종 등으로 구성하든 상관없이 자기 본성의 회복과 가족 구성원의 본성 회복을 돕는 일을 최고의 가치로 삼아야 한다. 이런 관점에서 인공지능 로봇은 새로운 가족 구성원으로서 충분한 역할을 할 수 있을 것이다.

다가오는 인공지능 시대는 인류가 노동으로부터 해방되어 자신의 본성을 회복하기 위해 노력하고, 평화의 추구를 가장 중요한 일로 삼을 수 있는 기회를 가질 가능성이 그 어느 때보다 크다. 그러므로 우리가 인공지능을 통해 개체 의식과 인간 중심적인 사고에 얽매이지 않고 자신을 성장시키려는 마음을 가질 때, 인류는 인공지능이라는 훌륭한 도반이자 깨달음의 스승을 갖게 될 것이며,[9] 우리는 모든 존재가 하나인 '천하일가(天下一家)'를 이루게 될 것이다.

1) 『사이언스타임즈』(2016년 11일 8일 자), 「'가족 같은 로봇' 가능한 일인가?」, 한국과학창의재단.

2) 『사이언스타임즈』(2018년 1일 9일 자), 「中, 엄마 빈자리 대신하는 '휴먼 로봇'」.

3) youtube, 「인간 vs 기계」, https://www.youtube.com/watch?v=wtdtU4mqqig, 2017. 9. 1.

4) 홍승표 외(2017), 『동양사상에게 인공지능 시대를 묻다』, 살림터, 104쪽.

5) 홍승표 외(2017), 앞의 책, 105-106쪽.

6) 홍승표 외(2017), 앞의 책, 105쪽.

7) 홍승표 외(2017), 앞의 책, 93-94쪽 요약 인용.

8) 홍승표 외(2017), 앞의 책, 114-115쪽.

9) 홍승표 외(2017), 앞의 책, 97쪽.

# 7

## 인공지능 시대,
## 가족의 특징은 무엇인가?

홍승표

가족이 급변하고 있다. 가족은 문명 발생과 함께 시작된 원초적인 사회집단이고, 늘 문명과 함께해 온 집단이기도 하다. 그런데 근래에 들어, 가족 구성의 출발점이 되는 결혼 자체를 기피하거나 거부하는 경향이 심화되고 있다. 또 결혼을 했더라도 아기를 전혀 갖지 않으려는 부부가 생겨나고 있고, 저출산이 구조화되고 있다. 이런 경향성은 한국이나 중국과 같이 현대주의[1]가 강한 지역일수록 더 현저하게 나타나고 있다. 현대 가족이 급속한 붕괴과정을 겪고 있는 것이다.

그런데 현대 가족의 붕괴를 가족의 붕괴로 착각해서는 안 된다. 현대 가족은 붕괴되어야 하고, 붕괴되고 있다. 하지만 이것은 결코 가족의 붕괴가 아니라 새로운 시대와 조화를 이룰 수 없는 낡은 현대 가족의 붕괴임을 명확하게 인식해야 한다.

현재를 살아가는 인류가 빈번히 빠지는 착각은 현재의 가족을 보편적인 가족으로 은연중에 간주하는 것이다. 그러나 현대 이전 수천 년을 현대 가족과는 전혀 다른 가족 제도의 틀 속에서 살아왔음을 우린 알고 있다. 현대 가족은 명백하게 현대기라는 짧고 특수한 시기에만 가족의 지배적인 유형일 수 있는 것이다.

산업혁명이 수천 년간 지속된 전현대 가족을 종식시켰던 것처럼, 인공지능 시대의 도래는 현대 가족을 종식시킬 것이다. 전현대 말·현대 초의 사회에서 전현대 가족은 심한 혼란을 겪었듯이, 현대 말·탈현대 초에 해당하는 현 사회에서 현대 가족은 지금 심한 혼란을 겪고 있다. 결혼 기피나 이혼율 증가 등은 현대 가족 혼란의 증거이다.

『주역(周易)』 중뢰진괘(重雷震卦)에서 말하고 있듯이, 지금의 흔들림의 의미는 단순한 파괴가 아니다. 현대 가족이 무너져 내린 폐허가 바로 탈현대 가족의 새로운 집을 지을 터전이 될 것이다. 현대의 폐허 위에 세워질 새로운 가족 제도를 구상화해 보는 것, 이것이 이 장의 과제이다.

# 1. 세계관과 탈현대 가족의 의미

탈현대 가족이란 무엇인가? 인간의 생물학적인 본능과 참나가 결합한 가족이다. 전현대 가족이란 무엇인가? 생물학적인 본능과 집단 에고가 결합한 가족이다. 현대 가족이란 무엇인가? 생물학적인 본능과 개별 에고가 결합한 가족이다.

인간에게는 모든 동물과 공유하는 생물학적인 본능이 있다. 그것은 이성애와 모성애이다. 이성애란 이성과 성적으로 결합하고자 하는 열망이며, 모성애란 자신의 새끼를 사랑하고 돌보고자 하는 열망이다. 인간과 더불어 모든 동물이 위의 본능을 갖추고 있는 이유는 만일 이런 본능이 없는 종은 멸종할 수밖에 없기 때문이다. 인간 역시 동물의 하나이기에 예외가 아니다.

인간과 동물의 차이점은 이것이다. 동물에게는 생물학적인 본능만이 있지만, 인간에게는 생물학적인 본능보다 더 높은 존재 차원이 존재한다는 것이다. 이것이 또한 동물이 형성하는 가족과 인간의 가족과의 차이점이다.

문명이 발생하면서, 인류에게는 자신을 둘러싸고 있는 세계와 자기 자신을 구분하는 의식이 발달하게 되었다. 의식 발달의 중요한 한 가지는 자신을 자신이 속한 집단의 일원으로 인식하는 집단 에고의 발달이었다. 농경기술의 발달은 대가족이 오랜 기간 같은 지역에서 삶을 영위하는 것을 가능케 했다. 동물들의 군집생활과는 달리 효나 정절 등과 같은 가족윤리가 발달하게 되었다.

산업혁명의 발발은 수천 년 동안 지속된 전현대 가족을 붕괴시키는 데 결정적인 역할을 했다. 산업혁명의 발발로 인해, 토지에 바탕을 둔 농경사회는 공장을 중심으로 하는 산업사회로 재편되었고, 가족 제도에도 혁명적인 변화가 일어났다. 잦은 지역적인 이동으로 인해 대가족은 해체되었고, 부부 중심의 핵가족이 보편화되었다. 또한 개별 에고의 발달로, 가족 내 여성 인권의 신장, 평등과 자유의 증대, 가족 구성원의 개성에 대한 존중 등과 같은 중요한 변화가 발생했다.

인공지능 시대의 도래는 현대 가족의 해체를 촉진시키고, 새로운 가족의 출현을 촉구하고 있다. 가족의 경제적 기능의 소멸은 구조적인 측면에서 중요한 변화일 것이다. 탈현대와 '참나의 활성화'는 동의어이다. 탈현대 가족은 생물학적인 본능과 참나가 결합해서 출현하는 새로운 가족이다.

탈현대 이전 가족과 비교해 본다면, 탈현대 가족은 현대 가족과 전현대 가족의 장점을 겸비하고 있으며, 현대 가족과 전현대 가족의 단점은 존재하지 않는다. 현대 가족의 장점이 전현대 가족의 단점이며, 전현대 가족의 장점이 현대 가족의 단점이다.

이를 표로 요약하면 다음과 같다.

〈표 1〉 전현대 가족과 현대 가족의 장단점

|  | 전현대 가족 | 현대 가족 |
|---|---|---|
| 장점 | 유대가 깊음 | 자유와 평등 |
| 단점 | 부자유와 불평등 | 유대가 얕음 |

에밀 뒤르켐(Emile Durkheim, 1858~1917)은 전현대와 현대의 전환기를 살아가면서, 두 시대가 갖고 있는 장단점을 명확하게 인식한 사회학자의 한 사람이었다. 그는 『자살론』에서 나름의 해결 방안을 제시했다. 그러나 그것은 자막(字幕)의 중간과 같은 해결책에 그쳤다. 즉, 뒤르켐은 전현대와 현대의 장단점이 절반씩 포함된 중간점을 최선의 지점으로 제시했다. 이것은 집단 에고와 개별 에고라고 하는 에고의 틀 안에서 이상사회를 모색한 현대 사회학자의 한계라고 말할 수 있다.

실제로 현대 사회학은 두 가지 관점에서 현대 사회 비판을 진행했다. 하나는 전현대적인 관점에서 새롭게 출현한 현대 사회를 비판한 것으로, 페르디난드 퇴니이스(Ferdinand Tönnies, 1855~1936)나 찰스 호튼 쿨리(Charles Horton Cooley, 1864~1929) 등의 공동체이론이 그 전형이다. 다른 하나는 현대적인 관점에서 현대 사회에 잔존하고 있는 전현대적인 특징을 비판한 것으로, 칼 마르크스(Karl Marx, 1818~1883)나 막스 베버(Max Weber, 1864~1920) 등의 현대 사회 비판이 그 전형이다. 이 두 가지 관점에서의 현대 사회 비판은 현대 사회를 보다 건전한 사회로 만들어 가는 것에 기여했다. 그러나 두 가지 관점에 기초해 있는 현대 사회학은 탈현대 사회의 형성에는 어떤 기여도 할 수 없는 태생적인 한계가 있다. 가족에 대한 논의에서도 마찬가지이다.

지금은 현대 사회로부터 탈현대 사회로의 문명 대전환기이며, 사회학에게 요구되는 것은 현대 사회에 대한 창조적인 비판과 탈현대 사회에 대한 비전 제시이다. 사회학이 이런 시대의 소임에 부응하기 위해서는 전현대적인 관점과 현대적인 관점이라는 두 개의 관점에서 벗어나서 탈현대적인 관점에서의 논의가 이루어져야 한다.

전현대적인 관점이 집단 에고에 바탕을 두고 있고, 현대적인 관점이 개별 에고에 바탕을 두고 있다고 한다면, 탈현대적인 관점은 '참나'에 바탕을 두고 있는 관섬이다. 전현대적인 관점에서 보면, 좋은 사회는 사람들 간의 유대가 깊은 사회이며, 개인이 자신의 소속집단의 번영을 위해 헌신하는 사회이다. 현대적인 관점에서 보면, 좋은 사회는 욕망 충족적인 사회이며 합리적인 사회이고, 개인이 자신의 개성과 욕망을 자유롭게 추구하는 사회이다. 탈현대적인 관점에서 보면, 좋은 사회는 사랑이 충만한 사회이며, 개인이 수행과 닉도로서의 삶을 향유하는 사회이다.

좋은 가족에 대한 이미지도 관점에 따라 형성된다. 전현대적인 관점에서 보면, 좋은 가족이란 가족원들 간에 깊은 유대가 형성된 가족이며, 가족원 각자는 자신의 자리에서 충실하게 주어진 역할을 수행하는 가족이다. 현대적인 관점에서 보면, 좋은 가족은 가족원들 각자의 개성과 인격을 존중하는 가운데, 풍요로운 경제생활을 영위하는 가족이다. 탈현대적인 관점에서 보면, 좋은 가족은 사랑으로 충만한 가족이며, 가족원들 각자는 가족 속에서 자유롭고 수행과 낙도로서의 삶을 영위하는 가족이다.

## 2. 탈현대 가족의 구상화

1장에서 세계관과의 관련에서 탈현대 가족의 정체성을 규명했다면, 2장에서는 탈현대 가족의 실제가 어떤 것인가에 대한 보다 구체화된 논의를 전개하고자 한다.

### 1) 탈현대 가족의 물질적인 기초

새로운 시대의 하드웨어인 인공지능을 필두로 한 제4차 산업혁명과 소프트웨어인 탈현대 세계관은 탈현대 사회 모든 사회제도의 기초가 된다. 가족 제도의 경우도 예외가 아니어서, 가족 역시 인공지능 시대의 혜택을 누리게 된다.

현대 사회는 경제를 목적의 영역에 두고 경제성장을 추구해 왔다. 그 결과, 제4차 산업혁명이 발생했으며, 이것은 경제 영역에 혁명적인 변화를 초래할 것이다. 그 핵심적인 결과는 다음 두 가지로 요약할 수 있다.

첫째, 인공지능 시대의 도래는 모든 영역에서 더 이상 인간 노동이 필요치 않은 사회를 출현시킬 것이다. 둘째, 제레미 리프킨(Jeremy Rifkin)이 『한계비용 제로 사회』에서 서술했듯이, 모든 재화의 생산비가 영에 근접하는 사회가 출현할 것이다. 결국, 인공지능 시대가 도래하면, 인류는 더 이상 노동하지 않고 풍요로운 경제생활을 영위할 수 있게 되며, 이것은 탈현대 가족에도 그대로 적용된다.

탈현대 가족에게는 생산의 기능이 탈락될 것이다. 인공지능 로봇의 도움을 받아, 가족은 자신이 필요로 하는 것을 거의 자급자족할 것이다. 전기나 식수는 물론이고, 음식물, 의류 등도 거의 가족 내에서 생산하고, 소비한다.

식재료의 많은 부분들, 채소나 과일 등을 농사지어 거두어들인다. 닭이나 소, 돼지와 같은 가축들도 들판에서 자유롭게 자란다. 관상수보다는 유실수를 많이 심어서, 학교 같은 데서도 학생들이 자유롭게 과일을 따먹을 수 있도록 한다. 토끼나 새와 같은 야생동물들도 철저히 보호하고 먹이를 주어서, 사람들과 한데 어울린다.

전기 발전의 경우를 예로 들면 다음과 같다. 현대 사회에는 대규모 발전소가 있었고, 거기에서 전기를 생산해 여러 지역에 공급했다. 하지만, 탈현대 사회에서는 가족이나 마을 단위로 전기를 스스로 생산하고 사용한다. 전기를 생산할 때, 화석 에너지는 더 이상 사용되지 않는다. 처한 상황에 따라 태양력, 풍력, 조력, 수력 등 다양한 자연의 힘을 이용해서 소규모로 그리고 환경 친화적인 방법으로 전기를 생산한다.

집도 스스로 짓고 고친다. 의복도 가족 내에서 만들고 수선한다. 그러나 동시에 지구촌 어느 곳에서 생산되는 것이건 자신들이 필요로 하면 이를 바로 공급받을 수 있다.

## 2) 탈현대 가족의 구성 원리

탈현대 가족의 가장 큰 특징은 가족 구성이 혈연에만 국한되지 않는다는 점이다. 전현대 가족과 현대 가족의 경우, 혈연에 한정해서만 가족을 구성했다. 그러나 탈현대 가족은 가족 구성을 혈연에만 한정하지 않으며, 혈연이 없는 사람도 인공지능 로봇도 가족원의 한 사람이 될 수 있다.

성인이 되었지만 결혼하지 않은 사람도 가족의 일원이 될 수 있으며, 늙어서 외로워진 사람도 가족의 일원이 될 수 있다. 다른 인종이나 민족인 사람도 가족의 일원이 될 수 있다. 가장 차이가 나는 점은 인격을 갖고 있는 인공지능 로봇이 가족원으로 받아들여진다는 사실일 것이다.

이와 같이, 탈현대 가족은 개방성을 그 특징으로 한다. 특히, 현대 가족은 다른 가족이나 사회에 닫혀 있는 폐쇄적인 집단이었다. 그러나 탈현대 가족은 다른 가족과 사회에 열려 있는 개방된 집단이다.

현대 가족도 내부적으로는 사랑을 결합원리로 삼는다. 그러나 자기 가족 바깥에 위치한 다른 가족들에 대해서는 그렇게 하지 않는다. 이기주의가 사랑으로 발전할 수 없듯이, 가족이기주의는 가족 내에서조차 진정한 가족 사랑으로 발전할 수 없었다.

탈현대 가족은 이와 다르다. 탈현대 가족은 가족 내에서도 물론 사랑을 결합원리로 삼지만, 가족 외부에 대해서도 깊은 관심을 기울이며 교류한다. 탈현대 가족원들은 자신의 가족을 진정으로 위하지만, 자신의 가족만을 배타적으로 위하지는 않는다.

탈현대 사회에서 어떤 가족도 섬처럼 존재하지 않는다. 그들은 이웃 가족들과 진정한 소통과 교류를 하며 우의를 발전시켜 나갈 뿐만 아니라, 어려움을 겪고 있는 지구촌의 이웃에 대해서도 늘 깊은 관심을 기울이며, 필요한 도움을 제공한다.

탈현대 가족이 전현대나 현대 가족과 구분되는 가장 크고 근본적인 차이점은 탈현대 가족의 탈중심성일 것이다. 탈현대 사회는 어떤 특정한 부분도 중심이 아니면서 모든 부분이 중심이 되는 탈중심적인 사회구조를 갖고 있다.

화엄철학 십현연기(十玄緣起)의 하나인 인다라망경계문(因陀羅網境界門)에는 탈중심적인 구성 원리로서 인다라망에 대한 서술이 이루어져 있다. 제석(帝釋)의 궁전에 걸려 있는 보배 그물의 마디마디에 있는 구슬이 끝없이 서로가 서로를 반사하고, 그 반사가 또 서로를 반사하여 무궁무진하듯이, 모든 현상은 서로가 서로를 끝없이 포용하면서 또 포용된다는 것이다. 탈현대적인 관점에서 볼 때, 각각의 존재는 인다라망의 구슬 하나하나와 같다. 각각의 구슬은 다른 모든 구슬들을 비춘다. 어떤 구슬도 중심이 아니면서, 모든 구슬이 중심이 된다. 탈현대 가족 내에서는 아무도 배타적인 중심인물이 아닌 가운데, 모든 가족 구성원들이 중심인물이 된다.

# 3. 탈현대 가족생활

탈현대인은 수행과 낙도로서의 삶을 지향한다. 수행을 통해 '참나'를 자각하고, 자각된 '참나'를 즐기는 낙도로서의 삶이 탈현대적인 삶의 궁극적인 목표가 된다. 탈현대 가족의 목표도 동일한 것이다. 탈현대 사회의 가족생활은 수행으로서의 가족생활과 낙도로서의 가족생활이라고 할 수 있는데, 이 둘은 사실은 하나여서 분리할 수 없는 것이지만 나누어 적어 본다.

## 1) 수행으로서의 가족생활

가족은 수행의 기본 단위이기도 하다. 모든 집에는 수행을 위한 공간이 마련되어 있다. 이미 오랜 수행을 통해 '참나'를 자각한 연장자들은 연소자들의 스승으로서의 역할을 수행한다. 그들은 자신의 삶을 통해 아이들에게 사랑을 가르친다.

**수행으로서의 가사노동:**

탈현대 가족원은 각자 자신의 능력이나 취향에 따라 가사노동을 분담한다. 그들은 함께 텃밭을 가꾼다. 밭에다 씨를 뿌리고, 물을 주며, 김을 매고, 수확물을 거두어들이는 일은 온 가족이 함께하는 즐거운 활동이다. 가족원들에게 청소, 요리, 빨래, 설거지와 같은 가사노동이나 텃밭 가꾸기와 같은 가족 내 노동은 수행이며 동시에 낙도로서의 활동이다. 일례로 텃밭 가꾸기를 서술해 본다.

탈현대 가족에게 텃밭 가꾸기는 일상생활에서 빼놓을 수 없는 일부이자 즐거움의 중요한 원천이다. 탈현대 사회에서는 누구나 자신의 가족 텃밭을 갖고 있다. 그들은 어려서부터 텃밭 일을 배우기 시작하며, 죽음이 가까이 다가와서 더 이상 활동할 수 없는 시기에 이를 때까지 텃밭과 함께 살아간다.

봄이 오면, 가족이 함께 텃밭을 갈고 씨앗을 심는다. 가족원들은 씨앗에서 새싹이 돋아나는 것을 보며 생명의 경이를 느낀다. 가만히 맨땅에 주저앉아, 1센티미터의 땅을 뚫고 올라오기 위해 씨앗이 기울였을 엄청난 노력을 생각해 본다.

가물 때는 물을 준다. 잡초가 올라오면 김을 매어 준다. 싹이 잎을 내고 하루하루 자라나는 모습을 보며 즐거워한다. 싹이 자라는 모습을 보면서, 가족원은 자신의 성장을 생각해 본다. 함께 땀 흘려 일하면서 행복을 느낀다. 때론 함께 일하는 가족과 담소를 나눈다. 하늘도 한번 쳐다보고 미풍과의 대화도 나눈다.

작물이 무럭무럭 자라 열매를 맺는다. 수확의 기쁨을 맛본다. 텃밭에서 금방 따 온 고추나 오이를 쌈장에 찍어 먹으면 맛이 그만이다. 가을이 오면 텃밭에서 자라던 온갖 작물들이 힘을 잃고, 마침내 죽어서 다시 땅으로 돌아간다. 가을 텃밭을 바라보면서, 나이 들어 감의 의미와 편안함을 느끼며, 쉼으로서 죽음을 맞이할 수 있는 능력을 키운다.

깨어 있기 수행:

현대인은 에고가 자신이라고 생각했다. 그래서 에고가 일으키는 감정, 생각, 욕망 등을 자신과 동일시했고, 에고의 호수에 물결이 일어나면 곧 그것에 사로잡혔다. 탈현대인에게도 에고의 감정, 생각, 욕망이 일어난다. 그러나 그들은 이것이 일어남과 동시에 이를 자각한다.

화가 나면 화에 사로잡히는 것이 아니라 '내 마음에 화가 일어났음'을 자각한다. 추잡스러운 생각이 일어나면 그 생각에 사로잡히는 것이 아니라 '내 마음에 추잡스러운 생각이 일어났음'을 자각한다. 욕정이 일어나면 욕정에 사로잡히는 것이 아니라 '내 마음에 욕정이 일어났음'을 자각한다. 어떤 감정, 생각, 욕망이 일어나든, 이런 감정, 생각, 욕망의 노예가 되지 않고 이것을 자각한다.

자각하는 순간, 우리가 경험한 감정, 생각, 욕망과 나 사이에는 공간이 생겨난다. 나는 내 마음에 일어난 감정, 생각, 욕망으로부터 조금 자유로워지게 된 것이다. 수행이란 에고로부터 벗어나 '참나'에 이르기 위한 노력인데, 자각은 이런 의미에서 좋은 수행이 된다.

받아들이기 수행:

현대인은 일어난 상황에 저항한다. 그러나 탈현대 가족원들은 일어난 상황에 대한 저항을 멈춘다. 예를 들어, 자기 몸에서 암세포가 발견되었을 때, 현대인은 흔히 '왜 나에게 암이 생겼지?' 하며 암에 저항

한다. 탈현대인은 '나에게 암이 생겼구나.' 하고 암을 받아들인다.

저항과 받아들임은 큰 차이를 낳는다. 현대인은 암 진단을 받으면 암에 저항하고, 저항할수록 암이 자신을 지배해서 불행해지며, 암에 대한 최선의 대응을 할 수 없다. 탈현대인은 암 진단을 받으면 자신이 암에 걸렸다는 사실을 받아들인다. 그러므로 암뿐만 아니라 어떤 일이 일어나도 흔들리지 않는다. 이것을 평화라고 한다. 탈현대인은 평화로움 속에서, 그는 암에 대한 최선의 대응을 해 나간다.

**미소 짓기 수행:**

미소 짓기 수행은 탈현대 가족원이 가장 즐겨하는 수행이며, 또한 가장 손쉽게 할 수 있는 좋은 수행방법이다. 인간이 가장 인간답고 아름다운 것은 아름답게 미소 짓는 순간일 것이다. 특히 미소 짓기 힘든 상황에서 아름답게 미소 지을 때가 그러하다.

탈현대적인 관점에서 보면, 인간은 에고를 훨씬 넘어서 있는 존재이다. 그래서 그는 슬픈 마음이 엄습할 때, 슬픔에 대해 미소를 짓는다. 기쁜 마음이 솟구칠 때, 기쁨에 대해 미소를 짓는다. 무언가에 집착하는 마음이 들면, 집착하는 마음에 미소를 짓는다. 자책감이 들면, 자책감에 미소를 짓는다. 어떻게 그럴 수 있는가? 그것은 인간이 기쁨과 슬픔, 집착과 자책감을 훨씬 넘어서 있는 존재이기 때문이다. 미소를 짓는 순간, 그는 에고에서 해방되어 '참나'에 이르게 된다.

**감사 수행:**

감사 수행 역시 쉽고 효과적인 수행 방법이다. 탈현대 가족원들은 늘 깊은 감사 속에서 생활한다. 현대인은 불평불만의 명수다. 현대의 대학생들에게 자신이 다니고 있는 대학에 대한 불만을 말해 보라고 한다면, 그들은 주저 없이 수많은 불만을 늘어놓을 수 있을 것이다.

하지만 탈현대인은 매사에 감사하며, 감사할 수 있는 능력을 배양한다. 아침에 눈을 뜨면서, 그는 새롭게 선물 받은 하루에 대해 깊이 감사한다. 어머니와 아버지, 아들과 딸, 이 세상에서 제일 예쁜 손녀딸, 나뭇잎, 꽃, 저녁노을, 건강, 태어났다는 사실 등 우리는 모든 것에 감사할 수 있다. 감사를 느끼는 순간, 평범한 세계는 갑자기 영롱한 빛을 발한다. 우린 '참나'의 세계로 진입하는 것이다.

**늙어 감과 죽음 수행:**

우린 누구나 늙어 가고 마침내 죽음을 맞이한다. 현대인은 에고가 자신이라고 생각했다. 늙음과 죽음은 에고의 쇠퇴와 소멸이기에 현대인은 늙음과 죽음을 창조적으로 받아들일 수 없었다. 그래서 대부분의 현대인은 고통스럽고 추하게 늙어 가고 비참하게 죽음을 맞이했다.

탈현대인은 '참나'가 진정한 나라고 생각한다. '참나'는 태어나지도 죽지도 않는다. 그래서 에고의 쇠퇴와 소멸로서의 늙음과 죽음은 탈현대인에게 에고로부터 벗어나서 '참나'에 이르는 좋은 수행의 기회가 된다. 그래서 탈현대인은 행복하고 아름답게 나이 들어 가며, 평화롭고 존엄하게 죽음을 맞이할 수 있다.

**겸손 수행:**

현대인은 우월감 또는 열등감의 노예였다. 우월감에 사로잡힌 사람은 자신보다 열등한 사람에게 함부로 대했고, 열등감에 사로잡힌 사람은 자신을 함부로 대했다. 이렇게 끊임없이 상처를 주고받기 때문에, 현대인은 행복하기가 힘들었다.

탈현대인은 자신을 '참나'라고 생각한다. 그래서 우월감과 열등감으로부터 자유롭다. 그는 자신이 매우 특별한 존재임을 알고 있지만, 그것은 자신 이외의 모든 존재가 자신과 똑같이 매우 특별한 존재임에 대한 바탕 위에서의 특별함이다. 특정한 상황에서 우월감이나 열등감이 솟아나면, 그것에 사로잡히는 것이 아니라, 그것을 바라보며 미소 짓는다.


## 2) 낙도로서의 가족생활

탈현대 가족원들은 일상생활의 모든 것을 즐길 수 있다. 낙도란 '도를 즐김'이며, '도는 없는 곳이 없기에' 그들은 모든 것을 즐길 수 있는 것이다.

**가족 산책을 즐김:**
탈현대 가족이 함께 즐기는 것 중의 하나가 가족 산책이다. 그날 산책을 하고 싶은 가족만 함께 산책을 즐긴다. 그들은 느릿느릿 걷는다. 매일 같은 길을 가지만, 길은 늘 새롭다. 계절에 따라, 날씨에 따라, 기분에 따라, 늘 정겹지만 길은 언제나 새로운 모습을 보여 준다. 길가에 나무나 바위 하나하나가 가족원들에게는 특별하다. 다리를 지날 땐 모두 멈추어 선다. 그리곤 계곡물에서 헤엄치고 있는 송사리들을 물끄러미 바라본다. 하늘이 아름다울 땐 하늘을 본다. 바람이 불어오면 바람을 맞는다. 나뭇잎, 바위, 다람쥐, 큰 나무에 난 생채기 등 많은

것들을 가만히 들여다보면서 아름다움을 느낀다. 삼삼오오 대화도 나눈다. 가족원들은 이 세상에서 가장 행복한 사람이 되어, 평화로운 발걸음을 옮긴다.

### 가족 식사를 즐김:

탈현대 가족원들에게 식사 시간은 행복한 시간이다. 하루에 세 번씩 이렇게 맛난 것들을 배부르게 먹을 수 있음에 감사한다. 식사 시간이 되면 시끌벅적, 온 집안에 활기가 넘친다. 모두 함께 참여해서 식사를 준비한다. 그들은 요리를 즐긴다. 엄마는 선장이고 나머지 가족원들은 선원이다. 선장의 지시에 따라 일사불란하게 움직인다. 어떤 사람은 텃밭에서 상추, 깻잎, 고추, 파, 오이 등을 따 오고, 어떤 사람은 달걀을 가져온다. 함께 둘러앉아 수다를 떨면서 식재료를 다듬는다. 아이들은 식탁 세팅을 하고, 그릇과 요리를 나른다. 식사를 준비하는 사람은 요리에 정성을 가득 담으며, 마냥 즐겁다.

식사는 늘 즐겁고 행복한 시간이다. 그들은 담소를 나누며 천천히 식사를 즐긴다. 텃밭에서 따 온 고추와 상추를 쌈장에 찍어 먹으니 맛이 일품이다. 마당을 뛰노는 암탉이 낳은 계란 프라이도 늘 맛나다. 그들은 사랑이 가득 담긴 식사를 하며, 식사를 통해 경이로운 우주와의 만남을 경험한다. 다 먹고 나니 배가 불러 오는 것이 기분이 정말 좋다. 식사가 끝나면, 식구들이 둘러앉아 차를 마시며 담소를 나눈다.

### 가족 음악회를 즐김:

음악은 탈현대 가족원들이 사랑하는 것이다. 저녁 식사가 끝나고 나면, 가족원들은 의자에 걸터앉아 땅거미가 지는 모습을 지켜본다.

밝음과 어둠이 교차하는 이 시간은 늘 아름답다. 해도 졌고, 황홀한 밤의 향연이 시작되었다. 멀리서 라일락의 꿈같은 향기가 바람을 타고 전해 온다. 잠깐의 적막이 흐를 때, 누군가 노래를 부른다. 너무나도 아름다운 노래를…. 가족원들은 깊은 감동을 느꼈고, 함께 잔잔하게 화음을 넣는다. 살아 있음의 행복감이, 사랑하는 가족들과 함께하는 행복감이 온몸에 전율을 일으킨다. 아! 아름다운 밤이여!

**한가로움을 즐김:**

탈현대 가족원들은 한가로움을 함께 즐긴다. 그들의 삶의 형태는 현대 사회에서 직장에서 은퇴한 노인의 삶과 유사하다. 그들의 삶에는 의무적인 노동이 없다. 그들은 하루하루를 온전히 자신의 뜻대로 살아간다.

탈현대 가족원들은 바라지 않고 악착스럽지 않고 그저 한가함을 바라고 걱정 없음을 낙으로 삼는다. 그들은 유유히 흘러가는 구름처럼, 강물처럼, 그렇게 살아간다. 그들은 결코 서두르지 않으며, 삶의 오솔길을 천천히 걸어간다.

탈현대 가족원들은 마주 앉아 한가롭게 차를 마신다. 그들은 양지바른 곳에 모여 앉아 해바라기를 한다. 비가 오면, 뜨뜻한 구들에 등을 지지면서 낙수 소리를 즐긴다. 거미줄에 맺힌 영롱한 이슬을 가만히 들여다보기도 하고, 부리부리 눈을 굴리는 잠자리와 눈을 맞추기도 한다.

탈현대 가족원들은 게으름을 즐긴다. 아침에 이불 속에서 나오지 않고 빈둥거리는 것이 예사이다. 특히 비라도 오는 날이면, 그들은 잠자리에서 좀처럼 나오지 않는다.

# 4. 탈현대 가족관계

전현대 사회에서 가족원들은 깊은 유대감을 갖고 있었으나 가족원에 대한 구속이 심했고, 가족원 각자가 갖고 있는 개성을 깊이 존중하지 않았다. 반면에, 현대 사회에서 가족원들은 비교적 자유롭고 가족원 각자의 개성을 존중하는 편이었지만 가족원들 간의 유대감은 전현대 가족에 비해 약한 편이었다. 탈현대 가족은 전현대 가족과 현대 가족의 장점을 더 강화된 형태로 겸비하고 있는 반면에 단점은 배제되어 있다. 탈현대 가족의 가족원들은 서로를 자유롭게 하며, 각자의 개성을 존중하지만, 깊은 유대감으로 결합되어 있다. 이 장에서는 탈현대 가족관계의 보편적인 특징을 서술해 보도록 하겠다.

자유:

전현대 가족은 가족원에 대한 구속이 심했다. 자유나 인권 개념은 희박했다. 그렇다고 해서 현대 가족이 완전히 자유로운 것은 아니었다. 여전히 부부관계와 부자관계에서는 집착하고 속박하는 경우가 많았고, 이것이 가족관계의 불행을 초래한 경우가 많았다.

하지만 탈현대 가족원은 서로를 구속하지 않으며, 각자 가족 속에서 자유롭다. 탈현대 가족원은 다른 가족원의 인격을 존중한다. 아무도 다른 가족원의 자유와 자율을 구속하거나 억압하지 않는다.

탈현대 가족관계의 핵심은 사랑의 관계이다. 그런데, 자유는 사랑이 숨 쉬고 자랄 수 있는 토양이다. 그래서 부부관계와 부자관계에서도 가족원들은 서로를 자유롭게 한다.

부모는 자녀를 낳고 양육하지만, 자녀가 자신의 소유라고 생각하지 않는다. 『노자』 10장에서는 이렇게 말한다. "낳고 기르면서, 낳되 소유하지 않고, 하되 했다는 의식이 없으며, 길러 주되 지배하려 하지 않는다[生之畜之 生而不有 爲而不恃 長而不宰]." 이 구절은 탈현대 가족에서 부모가 자녀를 대하는 모습을 잘 묘사하고 있다.

물론 탈현대 사회에서도 부모는 자녀들을 깊이 사랑한다. 그러나 그들은 결코 자녀들을 구속하거나 자신의 뜻에 맞는 삶을 강요하지 않는다. 자녀들도 부모를 깊이 존경하고 사랑한다. 조부모들에게는 손자들과 하는 시간이 가장 행복하다. 아이들도 조부모의 품이 이 세상에서 가장 편안하고 푸근하다.

'상대편을 자유롭게 함'은 탈현대 부부관계에서도 중요한 특징이다. 탈현대인은 상대편을 소유하려 하거나 지배하려 하지 않는다. 그들은 또한 상대편에 집착하지 않는다. 이것은 부부관계에서도 그대로 작용한다.

**개성 존중:**

가족원들은 각자의 개성을 존중한다. 가족원마다 성격도 다르고,

즐기는 음악도 다르며, 좋아하는 음식도 다르다. 하지만, 이들은 자신의 즐거움을 누릴 뿐 다른 가족을 간섭하지 않는다.

게으름뱅이 가족원은 늦잠을 즐기는 것이 존중된다. 음악을 좋아하는 가족원은 하루 종일 방안에서 음악 감상에 몰두하는 것이 존중된다. 내성적인 가족원은 혼자서 많은 시간을 보내는 것이 존중된다. 가족 구성원들 각자는 자유로운 가운데서 자신의 개성을 실현하고, 이를 통해서 궁극적인 하나임에 도달한다.

**깊은 유대:**

가족원들 간에는 깊은 유대감으로 하나가 되어 있다. 가족원들은 서로의 기쁨과 슬픔을 함께 나눈다. 가족 간에 대화의 많은 부분은 농담이며, 함께 많이 웃는다. 가족원들은 서로를 깊이 사랑한다. 가족원들은 함께 아름다운 음악을 듣고, 노래하며 춤도 춘다.

탈현대 사회의 가족원들은 지극히 친밀하지만 서로에게 공경하는 마음을 잃지 않는다. 부부는 마음 깊은 곳에서 서로 신뢰하며, 세월과 더불어 존경심을 키워 간다. 부모와 자식 간에는 사랑으로 결합하고, 부모는 자녀들에게 올바른 삶의 자세를 가르치며, 모든 존재에 대한 공경심을 일깨워 준다. 새로운 유토피아의 아이들에게 가장 존경하는 사람을 물으면, 그들 대부분은 자신의 부모님과 조부모님이라고 답한다.

# 참고문헌

『노자(老子)』.

『논어(論語)』.

『중용(中庸)』.

『사미헌전서(四未軒全書)』.

『예기(禮記)』.

『의례통고(儀禮通考)』.

『후천집(朽淺集)』.

『학사집(鶴沙集)』.

『청대일기(淸臺日記)』.


강건기(1988). 「불교 공동체로서의 승가의 의미」. 『언론문화연구』 제6집.

권정우(2007). 「근대적 사랑의 탄생−김소월의 『진달래꽃』을 중심으로」. 『한국언어문학』 62.

김성규(2018). 「계율의 제정(2)」. 『통섭불교』. 2018년 3월호.

김성규(2018). 「계율의 제정」. 『통섭불교』. 2018년 1월호.

김연옥(2016). 「1인 가구 시대의 도래: 특성과 생활실태」. 『한국가족복지학』 52.

김정영·이성민·이소은(2014). 「'나'의 성장과 경험으로서 연애의 재구성」. 『미디어, 젠더 & 문화』 29(3).

김종길·박수호(2010). 「디지털시대의 '가족혁명': 신화인가 현실인가?」. 『사회와 이론』 38.

김희보(2010). 『세계사 다이제스트 100』. 가람기획.

남미경(2010). 「국내외 인공지능형 로봇 개발 및 시장 현황 연구−인공지능형 로봇청소기 사례를 중심으로」. 『한국디자인문화학회지』 16(2).

리프킨, 제레미(2014). 『한계비용 제로 사회: 사물인터넷과 공유경제의 부상』. 안진환 옮김. 민음사.

마키노 다쓰미(牧野巽)(1985). 『中國家族研究(上)』. 御茶の水書房.

마키노 나쓰미(牧野巽)(1985). 『中國社會史の諸問題』. 御茶の水書房.

박의순(2006). 「전생애 애착과정으로 본 한국부부의 사랑: 대부모 애착, 부부애착과 부부
　　사랑과의 관계」. 『교류분석과 심리사회치료 연구』 3.

법장(法藏)(1998). 『華嚴學體系(華嚴五敎章)』. 김무득 옮김. 우리출판사.

사사키 메구미(佐々木恵)(2009). 「明代における朱子学の宗法復活の挫折」. 社會文化論集 5.

시모주 아키코(2015). 『가족이라는 병』. 김난주 옮김. 살림.

시모주 아키코(下重 曉子)(2015). 『가족이라는 병』. 김난주 옮김. 살림.

오구라 기조(2017). 『한국은 한 개의 철학이다』. 조성환 옮김. 모시는 사람들.

요한 크리스토프 아놀드(2000). 『브루더호프의 아이들』. 전의우 옮김. 도서출판 쉴터.

이강대(2011). 「공자의 인론(仁論)에 관한 소고」. 『동서철학연구』 61.

이승연(2003). 「종법과 공사론」. 동양사회사상 7집.

이승연(2006). 「18세기 전후 주자학의 지역적 전개에 관한 일고찰」. 동양사회사상 18집.

이승연(2011). 「조선중기 주자학자 황종해의 '가'에 대한 인식」. 한국학논집. 44집.

이현지(2005). 「탈현대적 가족 여가를 위한 구상」. 『동양사회사상』 12.

이현지(2009). 「『주역』과 행복한 가족론」. 『동양사회사상』 20.

이현지(2013). 「儒家的 삶의 脫現代的 含意」. 『유교사상문화연구』 54.

이현지(2015). 「율곡 사상의 탈현대적 함의」. 『율곡학연구』 30.

이현지 · 박수호(2014). 「공자의 교육적 인간상과 탈현대적 함의」. 『사회사상과 문화』 29.

장동진 · 마상훈(2016). 「인(仁)과 우애(friendship)의 정치철학.」 『한국동양정치사상사연구』
　　15(1).

정상봉(2015). 「공존(共存)과 공감(共感)의 근거: 인(仁)」. 『한국철학논집』 46.

정재걸(2010). 「한국 유학에서의 수행 노동과 낙도 여가」. 홍승표 외. 『한국 전통사상과 새로
　　운 노동관』. 계명대학교 출판부.

제임스 홀리스(2018). 『내가 누군지도 모른 채 마흔이 되었다』. 김현철 옮김. 더퀘스트.

차선자(2008). 「새로운 가족문화를 위한 가족정책: 대안가족 구성을 중심으로」. 『아시아
　　여성연구』 47(2).

최새은(2017). 「제4차 산업혁명과 가족생활」. 『한국가정과교육학회 추계 학술대회』 6.

홍승표 외(2017). 『동양사상에게 인공지능 시대를 묻다』. 살림터.

홍승표(2003). 『존재의 아름다움』. 예문서원.

홍승표(2007). 『노인혁명』. 예문서원.

홍승표(2011). 『동양사상과 탈현대적 삶』. 계명대학교출판사.

홍승표(2014). 『주역과 탈현대 문명』. 문사철.

홍승표(2015). 「유교 마음공부의 탈현대적 함의」. 『한국학논집』 60.

후루이치 노리토시(2014). 『절망의 나라의 행복한 젊은이들』. 이언숙 옮김. 민음사.

히라카와 아키라(平川彰)(2003). 『원시불교의 연구』. 석혜능 옮김. 민족사.


『나우뉴스』(2018년 5월 27일). 「AI 소피아 개발자 "30년 내 인간과 로봇 결혼할 것"」.

『네이버 지식백과』. 「사랑의 종류와 가치」.

『네이버 지식백과』(두산백과). 동광원(東光園).

『뉴스토마토』(2016년 9월 15일). 「'520만 1인 가구'가 대세… 우리나라 가구 형태 대변화」.

『동양고전 종합 DB』. http://db.cyberseodang.or.kr/front/main/main.do. 사단법인 전통문화연
    구회.

『사이언스타임즈』(2016년 11월 8일). 「'가족 같은 로봇' 가능한 일인가?」. 한국과학창의재단.

『사이언스타임즈』(2017년 2월 21일). 「'꼭 사랑이 아니어도 괜찮아' 로봇이 바꾸는 세상(8) 로
    봇 연인」.

『사이언스타임즈』(2017년 7월 6일). 「섹스로봇 부작용 매우 심각: FRR 보고서, 결혼생활 등에
    변화 예고」.

『사이언스타임즈』(2018년 1월 9일). 「中, 엄마 빈자리 대신하는 '휴먼 로봇'」. 한국과학창의
    재단.

『사이언스타임즈』(2018년 3월 28일). 「엄마·아빠 없는 인공출산 시대 도래: 시험관 배우자 형
    성 기술에 유전자가위 결합」.

『영남일보』(2017년 4월 10일). 「'정재걸 교수'의 오래된 미래교육: 예악 교육의 필요성」.

한겨레 수행, 치유 전문 웹 휴심정(2017). 「공동체 마을을 찾아서」.

『한국금융신문』(2018년 1월 31일). 「반려 로봇, 외로운 노후의 새로운 동반자로 급부상」.

『AlchemicalStudies』. The Collected Works of C. G. Jung vol. 13. PrincetonUniversity Press.

Jung. C. G.(2014). "Definitions." 『Psychological Types』. The Collected Works of C. G. Jung vol. 18. Princeton University Press.

Jung. C. G.(2014). 『Symbols of Transformation』. The Collected Works of C. G. Jung vol. 5. Princeton University Press.

Jung. C. G.(2014). "Commentary on 'The Secret of the Gold Flowers'". youtube(2017년 9월 1일). 「인간 vs 기계」. https://www.youtube.com/watch?v=wtdtU4mqqig

# 삶의 행복을 꿈꾸는 교육은 어디에서 오는가?

미래 100년을 향한 새로운 교육 | 혁신교육을 실천하는 교사들의 **필독서**

## ▶ 교육혁명을 앞당기는 배움책 이야기
혁신교육의 철학과 잉걸진 미래를 만나다!

### 한국교육연구네트워크 총서

**01 핀란드 교육혁명**
한국교육연구네트워크 엮음 | 320쪽 | 값 15,000원

**02 일제고사를 넘어서**
한국교육연구네트워크 엮음 | 284쪽 | 값 13,000원

**03 새로운 사회를 여는 교육혁명**
한국교육연구네트워크 엮음 | 380쪽 | 값 17,000원

**04 교장제도 혁명**
한국교육연구네트워크 엮음 | 268쪽 | 값 14,000원

**05 새로운 사회를 여는 교육자치 혁명**
한국교육연구네트워크 엮음 | 312쪽 | 값 15,000원

**06 혁신학교에 대한 교육학적 성찰**
한국교육연구네트워크 엮음 | 308쪽 | 값 15,000원

**07 진보주의 교육의 세계적 동향**
한국교육연구네트워크 엮음 | 324쪽 | 값 17,000원
2018 세종도서 학술부문

**08 더 나은 세상을 위한 학교혁명**
한국교육연구네트워크 엮음 | 404쪽 | 값 21,000원
2018 세종도서 교양부문

**09 비판적 실천을 위한 교육학**
이윤미 외 지음 | 448쪽 | 값 23,000원

**10 마을교육공동체운동:**
세계적 동향과 전망
심성보 외 지음 | 376쪽 | 값 18,000원

### 한국교육연구네트워크 번역 총서

**01 프레이리와 교육**
존 엘리아스 지음 | 한국교육연구네트워크 옮김
276쪽 | 값 14,000원

**02 교육은 사회를 바꿀 수 있을까?**
마이클 애플 지음 | 강희룡·김선우·박원순·이형빈 옮김
356쪽 | 값 16,000원

**03 비판적 페다고지는
세상을 변화시킬 수 있는가?**
Seewha Cho 지음 | 심성보·조시화 옮김 | 280쪽 | 값 14,000원

**04 마이클 애플의 민주학교**
마이클 애플·제임스 빈 엮음 | 강희룡 옮김 | 276쪽 | 값 14,000원

**05 21세기 교육과 민주주의**
넬 나딩스 지음 | 심성보 옮김 | 392쪽 | 값 18,000원

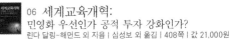
**06 세계교육개혁:
민영화 우선인가 공적 투자 강화인가?**
린다 달링-해먼드 외 지음 | 심성보 외 옮김 | 408쪽 | 값 21,000원

**07 콩도르세, 공교육에 관한 다섯 논문**
니콜라 드 콩도르세 지음 | 이주환 옮김 | 300쪽 | 값 16,000원

---

**혁신학교**
성열관·이순철 지음 | 224쪽 | 값 12,000원

**행복한 혁신학교 만들기**
초등교육과정연구모임 지음 | 264쪽 | 값 13,000원

**서울형 혁신학교 이야기**
이부영 지음 | 320쪽 | 값 15,000원

**혁신교육, 철학을 만나다**
브렌트 데이비스·데니스 수마라 지음
현인철·서용선 옮김 | 304쪽 | 값 15,000원

**대한민국 교사, 어떻게 가르칠 것인가?**
윤성관 지음 | 320쪽 | 값 15,000원

**아이들을 어떻게 가르칠 것인가**
사토 마나부 지음 | 박찬영 옮김 | 232쪽 | 값 13,000원

**모두를 위한 국제이해교육**
한국국제이해교육학회 지음 | 364쪽 | 값 16,000원

**경쟁을 넘어 발달 교육으로**
현광일 지음 | 288쪽 | 값 14,000원

**혁신교육 존 듀이에게 묻다**
서용선 지음 | 292쪽 | 값 14,000원

 **독일 교육, 왜 강한가?**
박성희 지음 | 324쪽 | 값 15,000원

 **다시 읽는 조선 교육사**
이만규 지음 | 750쪽 | 값 33,000원

 **핀란드 교육의 기적**
한넬레 니에미 외 엮음 | 장수명 외 옮김 | 456쪽 | 값 23,000원

 **대한민국 교육혁명**
교육혁명공동행동 연구위원회 지음 | 224쪽 | 값 12,000원

 **한국 교육의 현실과 전망**
심성보 지음 | 724쪽 | 값 35,000원

---

## ▶ 비고츠키 선집 시리즈
발달과 협력의 교육학 어떻게 읽을 것인가?

 **생각과 말**
레프 세묘노비치 비고츠키 지음
배희철·김용호·D. 켈로그 옮김 | 690쪽 | 값 33,000원

 **성장과 분화**
L.S. 비고츠키 지음 | 비고츠키 연구회 옮김
308쪽 | 값 15,000원

 **도구와 기호**
비고츠키·루리야 지음 | 비고츠키 연구회 옮김
336쪽 | 값 16,000원

 **연령과 위기**
L.S. 비고츠키 지음 | 비고츠키 연구회 옮김
336쪽 | 값 17,000원

 **어린이 자기행동숙달의 역사와 발달 I**
L.S. 비고츠키 지음 | 비고츠키 연구회 옮김
564쪽 | 값 28,000원

 **의식과 숙달**
L.S 비고츠키 | 비고츠키 연구회 옮김
348쪽 | 값 17,000원

 **어린이 자기행동숙달의 역사와 발달 II**
L.S. 비고츠키 지음 | 비고츠키 연구회 옮김
552쪽 | 값 28,000원

 **분열과 사랑**
L.S. 비고츠키 지음 | 비고츠키 연구회 옮김
260쪽 | 값 16,000원

 **어린이의 상상과 창조**
L.S. 비고츠키 지음 | 비고츠키 연구회 옮김
280쪽 | 값 15,000원

 **성애와 갈등**
L.S. 비고츠키 지음 | 비고츠키 연구회 옮김
268쪽 | 값 17,000원

 **비고츠키와 인지 발달의 비밀**
A.R. 루리야 지음 | 배희철 옮김 | 280쪽 | 값 15,000원

 **관계의 교육학, 비고츠키**
진보교육연구소 비고츠키교육학실천연구모임 지음
300쪽 | 값 15,000원

 **수업과 수업 사이**
비고츠키 연구회 지음 | 196쪽 | 값 12,000원

 **비고츠키 생각과 말 쉽게 읽기**
진보교육연구소 비고츠키교육학실천연구모임 지음
316쪽 | 값 15,000원

 **비고츠키의 발달교육이란 무엇인가?**
비고츠키교육학실천연구모임 지음 | 412쪽 | 값 21,000원

 **교사와 부모를 위한 비고츠키 교육학**
카르포프 지음 | 실천교사번역팀 옮김 | 308쪽 | 값 15,000원

 **비고츠키 철학으로 본 핀란드 교육과정**
배희철 지음 | 456쪽 | 값 23,000원

---

## ▶ 살림터 참교육 문예 시리즈
영혼이 있는 삶을 가르치는 온 선생님을 만나다!

 **꽃보다 귀한 우리 아이는**
조재도 지음 | 244쪽 | 값 12,000원

 **선생님이 먼저 때렸는데요**
강병철 지음 | 248쪽 | 값 12,000원

 **성깔 있는 나무들**
최은숙 지음 | 244쪽 | 값 12,000원

 **서울 여자, 시골 선생님 되다**
조경선 지음 | 252쪽 | 값 12,000원

**아이들에게 세상을 배웠네**
명혜정 지음 | 240쪽 | 값 12,000원

 **행복한 창의 교육**
최창의 지음 | 328쪽 | 값 15,000원

 **밥상에서 세상으로**
김흥숙 지음 | 280쪽 | 값 13,000원

 **북유럽 교육 기행**
정애경 외 14인 지음 | 288쪽 | 값 14,000원

 **우물쭈물하다 끝난 교사 이야기**
유기창 지음 | 380쪽 | 값 17,000원

---

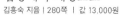

## ▶ 4·16, 질문이 있는 교실 마주이야기
통합수업으로 혁신교육과정을 재구성하다!

 **통하는 공부**
김태호·김형우·이경석·심우근·허진만 지음
324쪽 | 값 15,000원

 **미래교육의 열쇠, 창의적 문화교육**
심광현·노명우·강정석 지음 | 368쪽 | 값 16,000원

 **내일 수업 어떻게 하지?**
아이함께 지음 | 300쪽 | 값 15,000원
2015 세종도서 교양부문

 **주제통합수업, 아이들을 수업의 주인공으로!**
이윤미 외 지음 | 392쪽 | 값 17,000원

 **인간 회복의 교육**
성래운 지음 | 260쪽 | 값 13,000원

 **수업과 교육의 지평을 확장하는 수업 비평**
윤양수 지음 | 316쪽 | 값 15,000원
2014 문화체육관광부 우수교양도서

 **교과서 너머 교육과정 마주하기**
이윤미 외 지음 | 368쪽 | 값 17,000원

 **교사, 선생이 되다**
김태은 외 지음 | 260쪽 | 값 13,000원

 **수업 고수들 수업·교육과정·평가를 말하다**
박현숙 외 지음 | 368쪽 | 값 17,000원

 **교사의 전문성, 어떻게 만들어지나**
국제교원노조연맹 보고서 | 김석규 옮김 392쪽 | 값 17,000원

 **도덕 수업, 책으로 묻고 윤리로 답하다**
울산도덕교사모임 지음 | 320쪽 | 값 15,000원

 **수업의 정치**
윤양수·원종희·장군 지음 | 280쪽 | 값 14,000원

 **체육 교사, 수업을 말하다**
전용진 지음 | 304쪽 | 값 15,000원

 **학교협동조합,**
현장체험학습과 마을교육공동체를 잇다
주수원 외 지음 | 296쪽 | 값 15,000원

 **교실을 위한 프레이리**
아이러 쇼어 엮음 | 사람대사람 옮김 | 412쪽 | 값 18,000원

 **거꾸로 교실,**
잠자는 아이들을 깨우는 수업의 비밀
이민경 지음 | 280쪽 | 값 14,000원

 **마을교육공동체란 무엇인가?**
서용선 외 지음 | 360쪽 | 값 17,000원

 **교사는 무엇으로 사는가**
정은균 지음 | 292쪽 | 값 15,000원

 **교사, 학교를 바꾸다**
정진화 지음 | 372쪽 | 값 17,000원

 **마음의 힘을 기르는 감성수업**
조선미 외 지음 | 300쪽 | 값 15,000원

 **함께 배움**
학생 주도 배움 중심 수업 이렇게 한다
니시카와 준 지음 | 백경석 옮김 | 280쪽 | 값 15,000원

 **작은 학교 아이들**
지경준 엮음 | 376쪽 | 값 17,000원

 **공교육은 왜?**
홍섭근 지음 | 352쪽 | 값 16,000원

 **아이들의 배움은 어떻게 깊어지는가**
이시이 준지 지음 | 방지현·이창희 옮김 | 200쪽 | 값 11,000원

 자기혁신과 공동의 성장을 위한
**교사들의 필리버스터**
윤양수·원종희·장군·조경삼 지음 | 280쪽 | 값 14,000원

 **대한민국 입시혁명**
참교육연구소 입시연구팀 지음 | 220쪽 | 값 12,000원

## 함께 배움 이렇게 시작한다
니시카와 준 지음 | 백경석 옮김 | 196쪽 | 값 12,000원

## 함께 배움 교사의 말하기
니시카와 준 지음 | 백경석 옮김 | 188쪽 | 값 12,000원

## 교육과정 통합, 어떻게 할 것인가?
성열관 외 지음 | 192쪽 | 값 13,000원

## 학교 혁신의 길, 아이들에게 묻다
남궁상운 외 지음 | 272쪽 | 값 15,000원

## 프레이리의 사상과 실천
사람대사람 지음 | 352쪽 | 값 18,000원
2018 세종도서 학술부문

## 혁신학교, 한국 교육의 미래를 열다
송순재 외 지음 | 608쪽 | 값 30,000원

## 페다고지를 위하여
프레네의『페다고지 불변요소』읽기
박찬영 지음 | 296쪽 | 값 15,000원

## 노자와 탈현대 문명
홍승표 지음 | 284쪽 | 값 15,000원

## 선생님, 민주시민교육이 뭐예요?
염경미 지음 | 244쪽 | 값 15,000원

## 어쩌다 혁신학교
유우석 외 지음 | 380쪽 | 값 17,000원

## 미래, 교육을 묻다
정광필 지음 | 232쪽 | 값 15,000원

## 대학, 협동조합으로 교육하라
박주희 외 지음 | 252쪽 | 값 15,000원

## 입시, 어떻게 바꿀 것인가?
노기원 지음 | 306쪽 | 값 15,000원

## 촛불시대, 혁신교육을 말하다
이용관 지음 | 240쪽 | 값 15,000원

## 라운드 스터디
이시이 데루마사 외 엮음 | 224쪽 | 값 15,000원

## 미래교육을 디자인하는 학교교육과정
박승열 외 지음 | 348쪽 | 값 18,000원

## 흥미진진한 아일랜드 전환학년 이야기
제리 제퍼스 지음 | 최상덕·김호원 옮김 | 508쪽 | 값 27,000원

## 교사를 세우는 교육과정
박승열 지음 | 312쪽 | 값 15,000원

전국 17명 교육감들과 나눈
## 교육 대담
최창의 대담·기록 | 272쪽 | 값 15,000원

들뢰즈와 가타리를 통해
## 유아교육 읽기
리세롯 마리엣 올슨 지음 | 이연선 외 옮김 | 328쪽 | 값 17,000원

## 학교 민주주의의 불한당들
정은균 지음 | 276쪽 | 값 14,000원

## 교육과정, 수업, 평가의 일체화
리사 카터 지음 | 박승열 외 옮김 | 196쪽 | 값 13,000원

## 학교를 개선하는 교장
지속가능한 학교 혁신을 위한 실천 전략
마이클 풀란 지음 | 서동연·정효준 옮김 | 216쪽 | 값 13,000원

## 공자뎐, 논어는 이것이다
유문상 지음 | 392쪽 | 값 18,000원

교사와 부모를 위한
## 발달교육이란 무엇인가?
현광일 지음 | 380쪽 | 값 18,000원

## 교사, 이오덕에게 길을 묻다
이무완 지음 | 328쪽 | 값 15,000원

## 낙오자 없는 스웨덴 교육
레이프 스트란드베리 지음 | 변광수 옮김 | 208쪽 | 값 13,000원

## 끝나지 않은 마지막 수업
장석웅 지음 | 328쪽 | 값 20,000원

## 경기꿈의학교
진홍섭 외 지음 | 360쪽 | 값 17,000원

## 학교를 말한다
이성우 지음 | 292쪽 | 값 15,000원

## 행복도시 세종, 혁신교육으로 디자인하다
곽순일 외 지음 | 392쪽 | 값 18,000원

## 나는 거꾸로 교실 거꾸로 교사
류광모·임정훈 지음 | 212쪽 | 값 13,000원

## 교실 속으로 간 이해중심 교육과정
온정덕 외 지음 | 224쪽 | 값 13,000원

## 교실, 평화를 말하다
따돌림사회연구모임 초등우정팀 지음 | 268쪽 | 값 15,000원

**폭력 교실에 맞서는 용기**
따돌림사회연구모임 학급운영팀 지음 | 272쪽 | 값 15,000원

**학교자율운영 2.0**
김용 지음 | 240쪽 | 값 15,000원

**그래도 혁신학교**
박은혜 외 지음 | 248쪽 | 값 15,000원

**학교자치를 부탁해**
유우석 외 지음 | 252쪽 | 값 15,000원

**학교는 어떤 공동체인가?**
성열관 외 지음 | 228쪽 | 값 15,000원

**국제이해교육 페다고지**
강순원 외 지음 | 256쪽 | 값 15,000원

**교사 전쟁**
다나 골드스타인 지음 | 유성상 외 옮김 | 468쪽 | 값 23,000원

**미래교육, 어떻게 만들어갈 것인가?**
송기상·김성천 지음 | 300쪽 | 값 16,000원

**인공지능 시대의 사회학적 상상력**
홍승표 지음 | 260쪽 | 값 15,000원

**신쌤, 페미니즘이 뭐예요?**
염경미 지음 | 280쪽 | 값 15,000원

**시민, 학교에 가다**
최형규 지음 | 260쪽 | 값 15,000원

**혁신교육지구와 마을교육공동체는 어떻게 만들어지는가?**
김태정 지음 | 376쪽 | 값 18,000원

---

## ▶ 교과서 밖에서 만나는 역사 교실
상식이 통하는 살아 있는 역사를 만나다

**전봉준과 동학농민혁명**
조광환 지음 | 336쪽 | 값 15,000원

**교과서 밖에서 배우는 역사 공부**
정은교 지음 | 292쪽 | 값 14,000원

**남도의 기억을 걷다**
노성태 지음 | 344쪽 | 값 14,000원

**팔만대장경도 모르면 빨래판이다**
전병철 지음 | 360쪽 | 값 16,000원

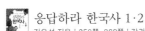
**응답하라 한국사 1·2**
김은석 지음 | 356쪽·368쪽 | 각권 값 15,000원

**빨래판도 잘 보면 팔만대장경이다**
전병철 지음 | 360쪽 | 값 16,000원

**즐거운 국사수업 32강**
김남선 지음 | 280쪽 | 값 11,000원

**영화는 역사다**
강성률 지음 | 288쪽 | 값 13,000원

**즐거운 세계사 수업**
김은석 지음 | 328쪽 | 값 13,000원

**친일 영화의 해부학**
강성률 지음 | 264쪽 | 값 15,000원

**강화도의 기억을 걷다**
최보길 지음 | 276쪽 | 값 14,000원

**한국 고대사의 비밀**
김은석 지음 | 304쪽 | 값 13,000원

**광주의 기억을 걷다**
노성태 지음 | 348쪽 | 값 15,000원

**조선족 근현대 교육사**
정미량 지음 | 320쪽 | 값 15,000원

**선생님도 궁금해하는
한국사의 비밀 20가지**
김은석 지음 | 312쪽 | 값 15,000원

**다시 읽는 조선근대 교육의 사상과 운동**
윤건차 지음 | 이명실·심성보 옮김 | 516쪽 | 값 25,000원

**걸림돌**
키르스텐 세룹-빌펠트 지음 | 문봉애 옮김
248쪽 | 값 13,000원

**음악과 함께 떠나는 세계의 혁명 이야기**
조광환 지음 | 292쪽 | 값 15,000원

**역사수업을 부탁해**
열 사람의 한 걸음 지음 | 388쪽 | 값 18,000원

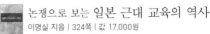
**논쟁으로 보는 일본 근대 교육의 역사**
이명실 지음 | 324쪽 | 값 17,000원

진실과 거짓, 인물 한국사
하성환 지음 | 400쪽 | 값 18,000원

 다시, 독립의 기억을 걷다
노성태 지음 | 320쪽 | 값 16,000원

 우리 역사에서 사라진 근현대 인물 한국사
하성환 지음 | 296쪽 | 값 18,000원

 한국사 리뷰
김은석 시음 | 244쪽 | 값 15,000원

 꼬물꼬물 거꾸로 역사수업
역모자들 지음 | 436쪽 | 값 23,000원

 경남의 기억을 걷다
류형진 외 지음 | 564쪽 | 값 28,000원

---

## ▶ 더불어 사는 정의로운 세상을 여는 인문사회과학
사람의 존엄과 평등의 가치를 배운다

 밥상혁명
강양구·강이현 지음 | 298쪽 | 값 13,800원

 좌우지간 인권이다
안경환 지음 | 288쪽 | 값 13,000원

 도덕 교과서 무엇이 문제인가?
김대용 지음 | 272쪽 | 값 14,000원

 민주시민교육
심성보 지음 | 544쪽 | 값 25,000원

 자율주의와 진보교육
조엘 스프링 지음 | 심성보 옮김 | 320쪽 | 값 15,000원

 민주시민을 위한 도덕교육
심성보 지음 | 500쪽 | 값 25,000원
2015 세종도서 학술부문

 민주화 이후의 공동체 교육
심성보 지음 | 392쪽 | 값 15,000원
2009 문화체육관광부 우수학술도서

 교과서 밖에서 배우는 인문학 공부
정은교 지음 | 280쪽 | 값 13,000원

 갈등을 넘어 협력 사회로
이창언·오수길·유문종·신윤관 지음 | 280쪽 | 값 15,000원

 오래된 미래교육
정재걸 지음 | 392쪽 | 값 18,000원

 동양사상과 마음교육
정재걸 외 지음 | 356쪽 | 값 16,000원
2015 세종도서 학술부문

 대한민국 의료혁명
전국보건의료산업노동조합 엮음 | 548쪽 | 값 25,000원

 교과서 밖에서 배우는 철학 공부
정은교 지음 | 280쪽 | 값 14,000원

 교과서 밖에서 배우는 고전 공부
정은교 지음 | 288쪽 | 값 14,000원

 교과서 밖에서 배우는 사회 공부
정은교 지음 | 304쪽 | 값 15,000원

 전체 안의 전체 사고 속의 사고
김우창의 인문학을 읽다
현광일 지음 | 320쪽 | 값 15,000원

 교과서 밖에서 배우는 윤리 공부
정은교 지음 | 292쪽 | 값 15,000원

 카스트로, 종교를 말하다
피델 카스트로·프레이 베토 대담 | 조세종 옮김
420쪽 | 값 21,000원

 한글 혁명
김슬옹 지음 | 388쪽 | 값 18,000원

 일제강점기 한국철학
이태우 지음 | 448쪽 | 값 25,000원

 우리 안의 미래교육
정재걸 지음 | 484쪽 | 값 25,000원

 한국 교육 제4의 길을 찾다
이길상 지음 | 400쪽 | 값 21,000원

 왜 그는 한국으로 돌아왔는가?
황선준 지음 | 364쪽 | 값 17,000원

 마을교육공동체 생태적 의미와 실천
김용련 지음 | 256쪽 | 값 15,000원

 동양사상에게 인공지능 시대를 묻다
홍승표 외 지음 | 260쪽 | 값 15,000원

 동양사상에게 인공지능 시대의 가족을 묻다
홍승표 외 지음 | 248쪽 | 값 15,000원

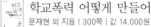

## ▶ 평화샘 프로젝트 매뉴얼 시리즈
학교폭력에 대한 근본적인 예방과 대책을 찾는다

 학교폭력 어떻게 만들어지는가
문재현 외 지음 | 300쪽 | 값 14,000원

 아이들을 살리는 동네
문재현·신동명·김수동 지음 | 204쪽 | 값 10,000원

 학교폭력, 멈춰!
문재현 외 지음 | 348쪽 | 값 15,000원

 평화! 행복한 학교의 시작
문재현 외 지음 | 252쪽 | 값 12,000원

 왕따, 이렇게 해결할 수 있다
문재현 외 지음 | 236쪽 | 값 12,000원

 마을에 배움의 길이 있다
문재현 지음 | 208쪽 | 값 10,000원

 젊은 부모를 위한 백만 년의 육아 슬기
문재현 지음 | 248쪽 | 값 13,000원

 별자리, 인류의 이야기 주머니
문재현·문한의 지음 | 444쪽 | 값 20,000원

 우리는 마을에 산다
유양우·신동명·김수동·문재현 지음 | 312쪽 | 값 15,000원

 동생아, 우리 뭐 하고 놀까?
문재현 외 지음 | 280쪽 | 값 15,000원

누가, 학교폭력 해결을 가로막는가?
문재현 외 지음 | 312쪽 | 값 15,000원

## ▶ 남북이 하나 되는 두물머리 평화교육
분단 극복을 위한 치열한 배움과 실천을 만나다

 10년 후 통일
정동영·지승호 지음 | 328쪽 | 값 15,000원

 선생님, 통일이 뭐예요?
정경호 지음 | 252쪽 | 값 13,000원

 분단시대의 통일교육
성래운 지음 | 428쪽 | 값 18,000원

 김창환 교수의 DMZ 지리 이야기
김창환 지음 | 264쪽 | 값 15,000원

 한반도 평화교육 어떻게 할 것인가
이기범 외 지음 | 252쪽 | 값 15,000원

## ▶ 창의적인 협력 수업을 지향하는 삶이 있는 국어 교실
우리말 글을 배우며 세상을 배운다

 중학교 국어 수업 어떻게 할 것인가?
김미경 지음 | 340쪽 | 값 15,000원

 토론의 숲에서 나를 만나다
명혜정 엮음 | 312쪽 | 값 15,000원

 토닥토닥 토론해요
명혜정·이명선·조선미 엮음 | 288쪽 | 값 15,000원

 인문학의 숲을 거니는 토론 수업
순천국어교사모임 엮음 | 308쪽 | 값 15,000원

 어린이와 시
오인태 지음 | 192쪽 | 값 12,000원

 수업, 슬로리딩과 함께
박경숙 외 지음 | 268쪽 | 값 15,000원

 언어던
정은균 지음 | 268쪽 | 값 15,000원

 민촌 이기영 평전
이성렬 지음 | 508쪽 | 값 20,000원

# 참된 삶과 교육에 관한
생각 줍기